HERMENÊUTICA E
SISTEMA JURÍDICO

P284h   Pasqualini, Alexandre
         Hermenêutica e sistema jurídico: uma introdução à inter-
         pretação sistemática do Direito / Alexandre Pasqualini. —
         Porto Alegre: Livraria do Advogado, 1999.
         168 p.; 14x21cm.

         ISBN 85-7348-129-3

         1. Hermenêutica. 2. Direito. 3. Teoria do Direito. I. Título.

                                                    CDU 34

         Índice para catálogo sistemático:

         Direito
         Teoria do Direito
         Hermenêutica: Direito

         (Bibliotecária responsável: Marta Roberto, CRB-10/652)

Alexandre Pasqualini

Hermenêutica e Sistema Jurídico

UMA INTRODUÇÃO À INTERPRETAÇÃO SISTEMÁTICA DO DIREITO

livraria
DO ADVOGADO
editora

Porto Alegre 1999

© Alexandre Pasqualini, 1999

Revisão de
Rosane Marques Borba

Capa, projeto gráfico e composição de
Livraria do Advogado / Valmor Bortoloti

Direitos desta edição reservados por
Livraria do Advogado Ltda.
Rua Riachuelo, 1338
90010-173 Porto Alegre RS
Fone/fax: 0800-51-7522
E-mail: info@doadvogado.com.br
Internet: www.doadvogado.com.br

Impresso no Brasil / Printed in Brazil

Este trabalho busca fazer justiça à originalidade da *Interpretação Sistemática do Direito* do Prof. Juarez Freitas - originalidade sem a qual as minhas contribuições não teriam sido possíveis.

Sumário

1. Introdução 9
2. Do círculo hermenêutico 15
   2.1. Da ubiqüidade do círculo hermenêutico 15
   2.2. Da condição de possibilidade do círculo hermenêutico . 24
   2.3. Da hermenêutica espiraliforme 52
   2.4. Das conclusões preliminares 53
3. Da formulação do conceito de sistema jurídico 57
4. Da formulação do conceito de interpretação sistemático-transformadora 89
5. Do enfrentamento das antinomias jurídicas 103
6. Da importância do princípio da hierarquização axiológica .. 109
7. Do problema da justiça material 119
8. Da constituição mútua dos pensamentos tópico e sistemático 123
9. Da ilustração do papel sistemático-transformador da hermenêutica jurídica no Direito Administrativo 139
   9.1. Da relação jurídico-administrativa 140
   9.2. Do anulamento dos atos administrativos em face do princípio da boa-fé 145
   9.3. Da discricionariedade vinculada 148
10. Conclusões 153
Bibliografia 157

1. Introdução

Com pequenas variações de intensidade e de estilo, um niilismo infrene emergiu como o maior símbolo do hodierno estado de coisas na filosofia em geral e na filosofia do direito em particular. Exacerbada até a cegueira, a completa ausência de critérios prático-racionais parece ter fornecido o denominador comum e o estandarte para as análises pós-modernas. Esse *"drapeau noir"* (Baudelaire) do niilismo, embora de amplo espectro, manifestou-se, com redobrada nitidez, principalmente no plano da teoria hermenêutica. Em face das sedutoras impertinências da vontade de poder (Nietzsche), o olhar dos intérpretes tornou-se, ao mesmo tempo, invasivo e evasivo, como algo que cede a todos os apelos e se adapta a qualquer palato. A filosofia hermenêutica foi, sem mais nem menos, seqüestrada ao mundo da razão e banida para lá do bem e do mal. Sem anuírem a instâncias de controle não exclusivamente procedimentais, é como se as exegeses se desenvolvessem ao sabor de um decisionismo fortuito e adotassem rumos tão desencontrados quanto os das bandeiras de aluguel. No quadro da pós-modernidade de confissão neo-estruturalista (Derrida) ou funcional-estruturalista (Luhmann), a questão do sentido só se deixou formular com as cores acres de um profundo relativismo que, de um lado, teve o mérito (especialmente no Direito e na Ciência), de romper com os condicionamentos mais grosseiros dos dogmáticos, mas, de outro, amargou o demérito, em sua crítica radical da razão, de sufocar as esperanças ainda férteis e factíveis da racionalidade iluminista. A época presente, com bravas e honrosas exceções, carece de esforços na senda de oferecer à comunidade dos filósofos-juristas-intérpretes, senão um novo ponto arquimediano - o que, ao que tudo indica, se afigura improvável - pelo menos a convicção falibilista de que, entre os extremos incompossíveis do total objetivismo de outrora e do inteiro subjetivismo de hoje, sobram condições e espaço para que o relativismo resolva, de maneira discursiva e dialógica, os problemas do próprio relativismo, sem sucumbir quer à ilusão dogmática, quer ao indiferentismo cético.

Para tanto, mostra-se necessário, por toda a parte e antes de mais nada, pensar naquilo que, desde a confluência entre razão e linguagem, já sempre se pensa quando se pensa hermeneuticamente. Em termos mais concretos, a principal meta deste trabalho, partindo do *a priori* hermenêutico, é justamente refletir sobre o que não pode ser esquecido sem que seja esquecida a própria tarefa constitutiva da interpretação: a busca da melhor leitura, a procura da melhor exegese.

De acordo com os herdeiros de Nietzsche, o mundo contemporâneo gira como um pião sobre o eixo aleatório e dionisíaco de uma subjetividade desgarrada da antiga segurança da metafísica e do direito natural. Na ótica desses sombrios roteiristas, a razão, com o martírio dos projetos *more* religiosos, foi desterrada da Ética e do Direito, produzindo como desfecho um largo descrédito para com os padrões normativos universalizáveis. Uma vez que a legitimidade acomodou-se ao legalismo (Weber, Kelsen, Luhmann) e, de outra parte, a validade misturou-se ao poder (Foucault), a razão teria perdido o seu sagrado direito ao voto e, dessa forma, já não poderia ser escrutinada. Segundo essas descrições pós-modernas, o 'sim' e o 'não' racionais finaram-se sob os escombros da esperança *aufklärer*. Em uma frase, a filosofia prática foi isolada do seu kantiano pendor universalista e, ato contínuo, como reparação de guerra imposta pelos céticos, anexada à devastadora vontade de poder. Com outras palavras, a anuência racional se teria curvado à constrição antiiluminista do apoderamento (Nietzsche),[1] desvitalizando os consensos tradicionais e, sobretudo, abalando a crença em uma racionalidade capaz de discernir o melhor. É por esse motivo que, no irracionalismo pós-moderno dos desconstrutivismos e dos voluntarismos de todo gênero - onde qualquer leitura entroniza uma desleitura (Derrida, Culler, De Man) -, o que está em jogo já não é o mero contraste entre as diferentes interpretações, mas, sim, a legitimidade mesma da hermenêutica, enquanto hermenêutica.

Todavia, apesar de tudo, do núcleo essencial da velha razão iluminista, principalmente após a superação da filosofia do sujeito e da guinada lingüístico-pragmática (Pierce, Wittgenstein II, Gadamer, Apel, Habermas), ergueram-se, contra a complacência das metodologias positivistas e neopositivistas, estruturalistas e pós-estruturalistas, certas pretensões de validade cuja aura, tacitamente pressuposta e reiterada em qualquer exegese, não pode ser desmentida sem que tal contestação acabe por se contestar a si mesma. Se compreender é aplicar (Gadamer), quem interpreta já sempre hierarquiza (Juarez Freitas) e para sempre pressupõe o horizonte, às vezes contrafactual, da procura do melhor. Assim, sem alçar o entendimento para além da experiência imediata, tampouco afundá-lo para aquém do limiar das certezas

---

[1] Como salienta Jürgen Habermas, *"entre os inflexíveis teóricos da desocultação, Nietzsche é aquele que radicaliza o antiiluminismo"* (*"Nietzsche ist unter den unentwegten Enthüllungstheoretikern derjenige, der die Gegenaufklärung radikalisiert"*; in *Der philosophische Diskurs der Moderne*. Frankfurt am Main: Suhrkamp Verlag, 1988, p. 145. Ainda sobre o niilismo pós-moderno, cumpre lembrar as palavras oportunas de João Paulo II quando afirma que uma tal *"filosofia incorreria no grave perigo de relegar a razão para funções meramente instrumentais, sem uma autêntica paixão pela busca da verdade"* (in *Carta Encíclica sobre As Relações entre Fé e Razão*. Porto Alegre: EDIPUCRS, 1999, p. 88).

possíveis, o que se colima, neste ensaio, na forma de uma Introdução ao Pensamento Tópico-Sistemático de Juarez Freitas,[2] é, como primeiro intento, fazer ver que não há hermenêutica fora da busca prudencial, hierarquizadora e transformadora das melhores exegeses sistemáticas. Ademais e como resultado direto do estatuto intranscendível do círculo hermenêutico, pretende-se conceituar o sistema jurídico, conceituando, de forma simultânea e ainda no plano do Direito, a hermenêutica sistemático-transformadora, bem como as suas conseqüências mais imediatas nos campos adjacentes das antinomias e da lógica do pensamento jurídico. Tendo claro o enlace hermenêutico entre sujeito e objeto (eis que toda e qualquer interpretação esconde, como pano de fundo, consciente ou inconscientemente, uma determinada concepção acerca do sistema), não há como definir o trabalho da exegese sem, em uníssono, codefinir a substância do sistema jurídico. Por fim, uma vez que nada é mais lastimável do que uma teoria dissociada da prática, convém ilustrar, com o auxílio do Direito

---

[2] Nesse momento, vem à memória a figura de Friedrich D. E. Schleiermacher, quando, em 22 de outubro de 1829, numa de suas famosas conferências sobre Hermenêutica (*Hermeneutik und Kritik*. Frankfurt am Main: Suhrkamp Verlag, 1977), ao realçar a importância do princípio sistemático de que *"cada particular apenas pode ser compreendido por meio do todo"*, lembrava, ainda, que *"assim como a palavra está para a frase, e a frase particular para a sua articulação mais próxima, e esta para a obra mesma, como um elemento em relação a um conjunto e uma parte ao todo, assim, por sua vez, cada discurso e cada obra escrita é um particular que apenas pode ser compreendido completamente a partir de um todo maior"*. Com lucidez, Schleiermacher desejava chamar a atenção para a circunstância de que todo e qualquer livro só pode ser bem assimilado quando lido a partir dos demais livros com os quais mantém identidade de conteúdo e, principalmente, de propósitos. Ora, para facilitar o trabalho hermenêutico dos leitores, este ensaio, desde logo, declara-se parte da linha de pensamento tópico-sistemática e, em especial, parte, com o objetivo de somar, da corrente de reflexão aberta por *Juarez Freitas*. Mais. Este trabalho pretende, por isso, identificar, difundir e enriquecer algumas das principais contribuições de *Juarez Freitas* in *A Interpretação Sistemática do Direito*. São Paulo: Malheiros Editores, 1998, procurando, desse modo, protegê-las contra os mal-entendidos e, como diria Pierce, contra os "seqüestros" e "esbulhos" infelizmente cada vez mais comuns entre nós.

Administrativo, o funcionamento concreto dos múltiplos elementos e dimensões desta Interpretação Sistemático-Transformadora aqui apenas examinada e desenvolvida em suas linhas gerais e, por via de conseqüência, introdutórias.

2. Do círculo hermenêutico

2.1. Da ubiqüidade do círculo hermenêutico

A Filosofia do Direito, não raro, tem oscilado entre dois extremos: ou há muita Filosofia e pouco Direito, ou muito Direito e pouca Filosofia. O motivo para esse desequilíbrio decorre, talvez, da imprecisa escolha do elemento de mediação entre uma esfera e outra. Salvo melhor juízo, a aliança entre filósofos e juristas não se pode selar por um decisionismo casual. Nesse território, não há espaço para transações diplomáticas, tampouco para preferências pessoais. Como diria Gadamer, o que está em questão não é a escolha que se poderia fazer, mas o que, ultrapassando todo querer ou fazer fortuitos, sobrevem como eleição inexorável.[3] Em outras palavras, antes de ser escolhido, o autêntico mediador, desde sempre, há de se ter, naturalmente, posto e declarado como tal.

A hermenêutica funcionou, em diferentes épocas e por distintas razões, como mera colaboradora, quando, a bem do rigor, para além do desejo ou da vontade, tanto a Filosofia, quanto o Direito, no seu centro vivo, só se

---

[3] No prefácio à segunda edição de *Wahrheit und Methode*, Hans-Georg Gadamer sublinha que *"Mein eigentlicher Anspruch aber war und ist ein gement einzugestehen: Nicht, was wir tun, nicht, was wir tun sollten, sondern was über unser Wollen und Tun hinaus mit uns geschieht, steht in Frage"* (in *Wahrheit und Methode* - Ergänzungen Register. Tübingen: J.C.B. Mohr (Paul Siebeck), 1993, vol. II, p. 438).

reconhecem e perfazem como exegese. A interpretação parece ser mais do que uma neutra técnica de soletrar significações pseudo-objetivas. Mediando a tudo e a todos, a hermenêutica é essa língua universal que o mundo inteiro utiliza. Da cosmogonia dos pré-socráticos à cosmologia dos modernos, do *ápeiron* de Anaximandro ao *big bang* de Hawking, também as ciências naturais não refogem à verdade hermenêutica de que, no livro da natureza, um fato somente se torna um fato por obra de uma prévia e inarredável interpretação. Não se pode mais supor, como no passado ainda recente, que os fatos sejam objetivos, e os valores, subjetivos. Uma tal perspectiva já denunciaria, em si mesma, um flagrante juízo de valor. Com efeito, todas as descrições são ultimadas, quase sempre de modo implícito ou oculto, a partir de uma moldura axiológica sem a qual a realidade em ninguém despertaria qualquer interesse científico. A mente dos pesquisadores não se confunde com uma tela em branco para a qual o mundo exterior, sem nada suprimir, acrescentar ou distorcer, diretamente transfere a sua exata fisionomia. Nos laboratórios ou nos tribunais, cada um carrega consigo valores cuja força faz a força propulsora de seus pensamentos, pesquisas e teorias.[4] Como enfatiza Apel, *"os fatos...já sempre são fatos interpretados"*[5] de forma que, sob as lentes rigorosas da teoria do conhecimento, *"inexistem puros fatos em si, senão fatos revelados pela luz de sua significação humana"*.[6] Sem

---

[4] Como escreve Hilary Putnam no prefácio do seu *Vernunft, Wahrheit und Geschichte*. Frankfurt am Main: Suhrkamp Verlag, p. 11, *"die Wahrheit ist in hohem Masse abhängig von den 'Werten', wie man sie in letzter Zeit nennt"*.

[5] in *Transformation der Philosophie*. Frankfurt am Main: Suhrkamp Verlag, 1973, vol. I, p. 119: *"Die Tatsachen sind jedenfalls,..., immer schon ausgelegte Tatsachen"*.

[6] Idem: in ob. cit., p. 126: *"...mit anderen Worten, dass es keine reinen Tatsachen überhaupt in der wirklichkeit gibt, sondern nur in Lichte menschlicher Bedeutsamkeit entdeckte Tatsachen"*. Esta crítica ao objetivismo científico que, atualmente, por diferentes caminhos, incorporou-se à filosofia hermenêutica (Heidegger e Gadamer), à filosofia crítica (Adorno e Horkheimer) e, ainda, à filosofia dos continuadores da Escola de Frankfurt (Apel e Habermas), teve

dúvida, até as chamadas ciências exatas são, portanto, constructos da exegese.

Assim, é preciso, antes de mais nada, que filósofos e, sobretudo, juristas, considerem, mais a fundo, o fenômeno da ubiqüidade do processo de interpretação.[7] A hermenêutica não se afigura um *a priori* regional, circunscrito a um determinado campo do conhecimento. A exegese é, por assim dizer, uma república ilimitada, onde a noite jamais ensombra o dia. Nela não há fronteiras nem estrangeiros: todos possuem uma única cidadania epistemológica. Mais do que isso, a interpretação possui, de fato, o dom da ubiqüidade: ela está em todos os lugares ao mesmo tempo. O cientista, o psicanalista, o crítico literário, o tradutor, o jurista, o escritor, o médico, todos, enfim, nos seus respectivos nichos profissionais, têm em comum a experiência mediadora e hermenêutica da compreensão. Afinal, compreender é interpretar.[8]

---

como um de seus precursores Edmund Husserl, quando ponderava que *"il naturalista non si rende conto che il costante fondamento del suo lavoro concettuale, che nonostante tutto è soggettivo, é il suo mondo circostante della vita, che egli presuppone costantemente il mondo-della-vita in quanto terreno, in quanto campo di lavoro, e che soltanto su di esso hanno un senso i metodi di pensiero, i suo problemi"* (in *La Crisi Dell'Umanità Europea e La Filosofia*. Tradução de Enrico Filippini, Milano: Casa editrice Il Saggiatore, 1965, pp. 353-352; sobre Edmund Husserl vide o excelente Urbano Zilles in *A Fenomenologia Husserliana como Método Radical*. Porto Alegre: EDIPUCRS, 1996, pp. 13-55). Uma conseqüência muito importante desse conjunto de idéias é que não se pode mais afirmar, como Dilthey, que *"die Natur erklären wir, das Seelenleben verstehen wir"* (*"a natureza, nós a explicamos; a vida da alma, nós a compreendemos"* in *Die Entstehung der Hermeneutik*. Gesammelte Schriften, Leipzig-Berlin: Verlag B.G. Teubner, 1962, vol. V, p. 144). Tendo em vista que todo conhecimento nasce de uma pré-compreensão, não se justifica opor o *"verstehen"* como método das ciências do espírito ao *erklären* científico-natural. Não se pode deixar de concordar com Paul Ricoeur quando brada que a hermenêutica *"deve superar a dicotomia danosa, herdada de Dilthey, entre 'explicar' e 'compreender'"* (in *Interpretação e Ideologia*. Tradução de Hilton Japiassu, Rio de Janeiro: Livraria Francisco Alves Editora S/A, 1983, p. 136).

[7] Vide Richard E. Palmer in *Hermenêutica*. Tradução de Maria Luísa Ribeiro Ferreira, Lisboa: Edições 70, 1986, p. 20.

[8] Gadamer in ob. cit., vol. I, p. 403 não se cansa de repetir que *"Verstehen und Auslegen sind auf eine unlösliche Weise ineinander verschlungen"* (*"Compreender e interpretar estão imbricados de modo indissolúvel"*). Vale dizer, *"auslegung ist nicht ein zum Verstehen nachträglich und gelegentlich hinzukommender Akt,*

HERMENÊUTICA E SISTEMA JURÍDICO

Antes e acima do que possa dizer ou escrever, o pensamento, desde o início, assume o viés interpretativo e intersubjetivo como um seu inderrogável pressuposto. O homem como que nasce herdeiro e condômino dessa estrutura hermenêutica. Vai daí que a exegese desponta como horizonte intranscendível para todas as esferas do conhecimento humano, deixando transparente que não há *cogitatum* fora da natural intencionalidade do *cogito*. É como se o fluxo hermenêutico, em sua universalidade, emanasse da constituição mesma do real. O mundo e a vida são, desse modo, hermenêuticos.[9] Eis por que alguém já disse, com alguma liberdade poética, que a casa do ser é a linguagem.[10]

Como caminho mediador da existência, a linguagem fala de um cenário do qual, direta ou indiretamente, constitui dicção e exegese. O pensamento já sempre se move no espaço linguageiro da pré-compreensão. Nessa perspectiva, o *iter* lingüisticamente hermenêutico representa um véu antepredicativo que pontua e cadencia a reflexão do homem no mundo, pondo em realce que a realidade só vem à consciência pela palavra.[11]

---

sondern Verstehen ist immer Auslegung, und Auslegung ist daher die explizite Form des Verstehens" ("A interpretação não é um ato tardio e complementar à compreensão, porém, compreender é sempre interpretar e a interpretação, por conseguinte, uma forma explícita de compreensão"; in ob. cit., vol. I, p. 312).

[9] De acordo com Gadamer in ob. cit., vol. I, p. 230, *"das Leben selbst legt sich aus. Er hat selbst hermeneutische Struktur"* ("A própria vida se auto-interpreta. Ela tem estrutura hermenêutica").

[10] Heidegger, Martin in *Über den Humanismus*. Edição bilingüe, Paris: Aubier Montaigne, 1983, p. 26: *"Die Sprache ist das Haus des Seins"*.

[11] Em 1829, Schleiermacher antecipava já tal idéia de que pensamento e linguagem são inseparáveis (*"...Deken und Sprechen identisch sein muss"*; in *Hermeneutik und* Kritik. Frankfurt am Main: Suhrkamp Verlag, 1977, p. 361), chegando ao ponto de afirmar que *"a linguagem é a nossa pressuposição constante"* (*"Die Sprache ist unsere konstante Voraussetzung"*; in ob. cit., p. 458). Confirmando essa idéia, Gadamer, em um trabalho intitulado *Text und Interpretatio* in ob. cit., vol. II, p. 338, afirma *"dass es Sprache ist, was allen Weltzugang überhaupt vermittelt"* ("que a linguagem nos fornece o acesso ao *mundo*"). Talvez a mais antiga e a mais influente teoria sobre a linguagem tenha sido a desenvolvida por Platão no *Cratyle* (in *Oeuvres Complètes*. Tra-

dução de Léon Robin, Paris: Bibliothèque de la Pléiade, 1950, vol. I). Nesse diálogo, Hermógenes, rico patrocinador dos sofistas, e Crátilo, notório seguidor de Heráclito, controvertem com Sócrates sobre a essência das palavras (*onoma*), tendo sempre como pano de fundo o então vigente conflito entre *nómos* e *physis*. Adotando enfoque intermediário ao naturalismo (defensor da idéia de que todas as coisas são batizadas exclusivamente pela *physis*) e ao convencionalismo (partidário da tese de que os significados emergem, de maneira inevitável, de um *synthéke*), Platão localiza, em toda linguagem, a busca, nem sempre exitosa, de convergência entre as palavras (semiologia) e o ser (ontologia). Reconhecendo, entretanto, que a linguagem humana, muitas vezes, não consegue reproduzir a ordem objetiva do *eidos* (in ob. cit., 436,a-b, p. 684) - o que lhe parece motivo bastante para desenganar a ilusão de que *"qui connaître les noms, connaîtra aussi les choses"* (in ob. cit., 435, e, p. 683) - Platão, em contrapartida, é forçado a admitir que os costumes (*ethos*) - mas nunca a mera convenção (*synthéke*) - podem induzir à modificação do significado das palavras. Foi só depois de fazer justiça a essas verdades parciais de Crátilo (naturalismo) e de Hermógenes (convencionalismo), que Platão aventurou o passo decisivo que culminaria por repercutir, com sucessivas aparições, em toda a posterior filosofia da linguagem, filosofia essa da qual apenas mais recentemente o mundo começou a se desvencilhar. É que se colocando a meio caminho da *physis* e do *ethos*, Platão, no plano cognitivo, termina, certamente preocupado com os critérios de aferição crítica, por dissociar o pensamento da linguagem. Sócrates pondera que os nomes, não raro, podem ser falsos, o que justificaria a conclusão de que a linguagem auxilia, mas também obstrui o autêntico e mais profundo conhecimento das coisas. Em Platão, a *alétheia* não constitui um galardão das palavras, mas uma vitória do puro pensamento, o qual se situa mais aquém da sombra ou da opacidade dos signos. A razão se vale da gramática apenas *a posteriori*, como um instrumento (*organon*) secundário (*"un instrument, donc, voila ce qu'est aussi le nom"*; in ob. cit., 388, a, p.619) confinado à função de expor ou de revelar um conhecimento já conquistado sem a mediação lingüística. Com efeito, para o discípulo de Sócrates, o pensamento seria, desse modo, um puro diálogo sem palavras da alma consigo mesma (*"...pensée et discours, n'est-ce pas tout un, sauf que c'est à un entretien de l'âme avec elle-même, se produisant au-dedans de celle-ci sans le concours de la voix..."*; in *Le Sophista*, Oeuvres Complètes, Paris: Bibliothèque de la Pléiade, 1950, vol II, 263, d, p. 330), de sorte que a linguagem, na condição subalterna de veículo instrumental, não se apresentaria como elemento constitutivo ou fator constituinte, seja da realidade, seja do pensamento. Vale dizer, o que a língua grega uniu (*lógos* significa, ao mesmo tempo, razão e linguagem), Platão separou.

Em Aristóteles, curiosamente, a reflexão sobre a linguagem apresenta mais semelhanças do que contrastes com a linha de raciocínio desenvolvida por Platão. O alvo crítico, nesta altura, são os sofistas, e não o velho professor. No pensamento aristotélico, ainda quando por caminhos distintos, também há, ao mesmo tempo, vínculo e distância entre *lógos* e *on*. Se Aristóteles reconhece, de um lado, que o discurso se constitui em uma espécie de símbolo com significação convencional (*"Le discours est un son vocal possédant une significa- tion conventionnelle..."*; in *De L'Interprétation*. Tradução de J. Tricot, Paris: Librairie Philosophique J. Vrin, 1994, 16, b, 28, p. 83), de outro, não deixa de

HERMENÊUTICA E SISTEMA JURÍDICO   **19**

realçar que os discursos verdadeiros devem, em princípio, guardar um mínimo de similitude com as coisas mesmas ("*...puisque les propositions sont vrais en tant qu'elles se conforment aux chose mêmes,...*"; in ob. cit., 19,a,33, p. 103). Em outros termos, se, do ponto de vista da significação, a linguagem se mostra convencional, do ponto de vista da adequação, as palavras buscam estreitar o liame entre as representações humanas e a realidade (vide Pierre Aubenque in *El problema del ser en Aristóteles*. Tradução de Vidal Peña, Madrid: Taurus Ediciones, 1984, pp. 93-101). Com efeito, já no início do *De Interpretatione*, Aristóteles afirma que "*Les sons émis par la voix sont les symboles des états de l'âme, et les mots écrits les symboles des mots émis par la voix. Et même que l'écriture n'est pas la même chez tous les hommes, les mots parlés ne sont pas non plus les mêmes, bien que les états de l'âme dont ces expressions sont les signes soient identiques chez tous, comme sont identiques aussi les choses dont ces états sont les images*" (in ob. cit., 16,a,2, pp. 1-2). Aproximando-se, neste ponto, de Platão - embora sem precisar recorrer, como instância judicativa, à doutrina das idéias - há, em Aristóteles, antes da mediação lingüística, os "*estados de alma*" (*pathématon tés psychés*). "*Platone però avrebbe inteso la parola eidea nel senso della sua dottrina delle idee, Aristotele invece l'avrebbe intesa come 'immagini mentali', noémata*" (Ingemar Düring in *Aristotele*. Tradução Pierluigi Donini, Milano: Mursia Editore, 1976, p. 80). Assim, apesar de mais sofisticado, o desenho aristotélico da linguagem como símbolo (*symbolon*) da realidade não abandonou o antigo esquema segundo o qual pensamento e palavras atuariam, por assim dizer, em momentos diferentes porém sucessivos, cabendo àquele precedência sobre estas. Como assinala, mais uma vez, Düring, "*...Aristotele muove dalla stessa concezione che è de Platone nel Teeteto, e cioè che il pensiero è un dialogo interiore. La lingua riflette i processi del pensiero*" (in ob. cit., p. 82). Assim, para Platão, Aristóteles e para a quase totalidade dos filósofos até o advento do giro lingüístico-pragmático (Pierce, Heidegger, Gadamer, Wittgenstein II, Apel e Habermas), o pensamento é um produto da pura consciência, e não um coadjuvante da linguagem.

Karl-Otto Apel, no verbete *lenguaje* dos *Conceptos Fundamentales de Filosofía*. Barcelona: Editorial Herder, 1978, vol. II, p. 439, resumiu, com muita felicidade, essa concepção filosófica lingüístico-instrumental, que, desde Platão e Aristóteles, passando por Descartes e Locke, perpetuou-se, em suas linhas gerais, até quase os dias de hoje: "*Esa concepción occidental puede esclarecerse en sus implicaciones filosóficas mediante la siguiente representación - intencionadamente simplificada - del orden sucesivo de: conocimiento, aplicación de la lógica, lenguaje como designación y comunicación interpersonal. Primero conocemos - cada uno para sí e independientemente de los demás - los elementos del mundo dado sensiblemente (más tarde llamados 'dados sensibles'); luego aprehendemos la estructura ontológica del mundo mediante la 'abstracción' y con ayuda del órgano de la lógica universal humana; entonces designamos - por acuerdo - los elementos del orden del mundo así logrado y representamos los estados de cosas mediante enlaces de signos; finalmente, con ayuda de los enlaces de signos comunicamos a otros hombres los estados de cosas conocidos por nosotros*".

A derradeira manifestação dessa idéia designativo-instrumentalista de que a linguagem serve tão-só para comunicar o conhecimento, mas não participa das próprias engrenagens conformadoras do pensamento, foi o *Tractatus*

O marco imanente dessa lingüisticidade promove um tão profundo encontro entre o pensamento e as palavras que a linguagem se credencia como o mais originário veículo da razão.[12] É por isso que Gadamer, invocando Humboldt, localiza, em todo signo lingüísti-

---

Logico-Philosophicus do Wittgenstein I. O *Tractatus* representa, sem dúvida, uma releitura da velha teoria designativa que vê, na linguagem, o espelho de um mundo cujo acesso aos homens lhes teria sido confiado fora do horizonte lingüístico. É por isso que, na frieza analítica do Wittgenstein I, a missão das palavras seria, através de um sistema de linguagem puramente lógico (Leibniz) (vide nota nº 19), retratar, com literal e metódica perfeição, a ontologia desse prévio, anterior e objetivo estado de coisas. Essa teoria só foi realmente superada com a conversão pragmática do Wittgenstein II, para quem o homem, desde sempre, só recebe o mundo na e pela palavra. De fato, o jogo lingüístico *"is like a pair of glasses on our nose through which we see whatever we look at. It never occurs to us to take them off"* (*"é como um par de óculos assentado sobre o nosso nariz e o que vemos, vemos através deles. Nunca nos ocorre a idéia de tirá-los"* (in *Philosophical Investigations*. Tradução de G.E.M. Anscombe, Great Books of Western World, Chicago: Encyclopaedia Britannica, 1990, vol. 55, § 103, p. 341).

Atualmente, levando mais longe o giro lingüístico-pragmático, Apel fala, a meu ver com razão, do jogo transcendental da linguagem, promovendo uma instigante e competente reconstrução crítica da filosofia transcendental. Apel procura esclarecer que as palavras não funcionam como um posterior revestimento da reflexão. Os significados e as experiências só são significados e experiências porque conjugados à linguagem. Além disso, Apel sugere, ainda, acompanhando o Wittgenstein II, que o pensamento é lingüisticamente social em suas raízes, uma vez que se afigura impossível uma língua totalmente privada (vide nota nº 66). Do ponto de vista quase transcedental, refletir, escrever ou interpretar são, por isso, formas de agir inseridas, *a priori*, no sempre dialógico mundo da vida (Sobre esse tema, vide, ainda, Manfredo Araújo de Oliveira in *Reviravolta Lingüístico-Pragmática na Filosofia Contemporânea*. São Paulo: Edições Loyola, 1996).

[12] Talvez fosse o caso de se dizer, junto com Gadamer in ob. cit., vol. I, p. 405, que *"die Sprache ist die Sprache der Vernunft selbst"* (*"a linguagem é a linguagem da própria razão"*). Antes de Gadamer e Heidegger, C. S. Pierce já batia na tecla de que *"l'homme fait le mot; le mot ne veut dire que ce que l'homme lui fait dire, et le mot n'a de sens que pour un homme. Mais puisque l'homme ne peut penser qu'an moyen de mots ou d'autres symboles externes, ceux-ci pourraient se retourner et dire: 'Vous ne pouvez rien dire que nous ne vous l'ayons appris, et encore ne le pouvez vous que dans la mesure seulement où vous demandez à un mot d'être l'interprétation de votre pensée'. En fait, donc, hommes et mots s'éduquent mutuellement les uns les autres; tout surcroît d'information chez un homme implique, et est impliqué par, un surcroît d'information correspondant dans un mot"* (in *Textes anticartésiens*. Tradução de Joseph Chenu, Paris: Éditions Aubier Montaigne, 1984, pp. 228-229).

co, uma pré-articulada visão de mundo[13] que conserva e transmite o legado hermenêutico e cultural da história. Do alfabeto à sintaxe, o idioma - sendo veículo imediato de entendimento e pressupondo já uma concreta empiria - encerra, implícita, uma função interpretativa, na medida em que o ser só se deixa compreender na e pela linguagem.[14] Na verdade, sempre ainda e sempre de novo, todos são hermeneutas. A interpretação configura o núcleo essencial do pensamento humano, de modo que essa atmosfera antecede e acompanha a todas as nossas representações. Pensar é interpretar. Parece, sem exageros, que a própria consciência requer permanente, infindável e atento processo de auto-interpretação. Viver é, pois, interpretar e interpretar-se.

---

[13] Sobre Humboldt e a *"linguagem como experiência de mundo"* (*"Sprache als Welterfahrung"*) vide Gadamer, in ob. cit., vol. I, pp. 442-460. Também Apel, in ob. cit., vol. I, pp. 106-107, possui uma excelente exposição sobre a interdependência, em Humboldt, entre o pensamento e a linguagem e a linguagem e as visões de mundo.

[14] Nesse sentido, Hans-Georg Gadamer afirma, in ob. cit, vol. I, p. 478, que *"ser que pode ser compreendido é linguagem"* (*"Sein, das verstanden werden kann, ist Sprache"*). Na linha da filosofia analítica, o *"pano de fundo lingüístico"* (*"sprachlichen Hintergrund"*) é também destacado por Ernst Tugendhat em sua *"semântica formal"* (*"formale semantik"*) (in *Vorlesungen zur Einführung in die sprachanalytische Philosophie*. Frankfurt am Main: Suhrkamp Verlag, 1976, p. 37). Na tentativa de libertar a filosofia do *"engano ingênuo"* (*"naiven missverstandnis"*; in ob. cit., p. 21) de reputar a linguagem como *"um mero medium entre nós e a realidade"* (*"der Sprache als eines blossen Mediums zwischen uns und der Wirklichkeit"*; in ob. cit., p. 49), Tugendhat mostra que todo conhecimento parte de *"um apriori analítico"*, isto é, *"de um apriori lingüístico"* (*"ein analytisches, ... ein sprachliches Apriori..."*; in ob. cit., p. 20), de tal forma que *"o conhecimento pressuposto em toda compreensão deve ser entendido como conhecimento do significado de expressões lingüísticas nas quais se articula a compreensão"* (*"...in allem Verstehen enthaltene vorgängige Wissen als Wissen von der Bedeutung der sprachlichen Ausdrücke zu verstehen ist, in dem sich das Verstehen artikuliert"*; in ob. cit., p. 20). Em termos mais sintéticos, não haveria uma instância pré-lingüística para a reflexão. Ao fim e ao cabo, a *"realidade do real"* (*"Realität des Realen"*; in ob. cit., p. 49) só se deixaria revelar no uso da linguagem (*"im sprachgebrauch"*; in ob. cit., p. 49), o que oferece a Tugendhat bons e certeiros argumentos para, mais adiante, já no confronto com a filosofia da consciência, escrever que *"nós não representamos objetos, nós significamos objetos"* (*"Gegenstände stellen wir nicht vor, Gegenstände meinen wir"*; in ob. cit., p. 88). Em outras palavras, o mundo não seria feito de objetos, mas, em verdade, de significados.

A exegese, portanto, não se dá a conhecer como simples e secundário método ancilar à ciência jurídica. Como fenômeno algo transcendental da cognição, o acontecer hermenêutico não é exterior, passivo, muito menos neutro em face do seu objeto. A experiência interpretativa se sabe interior e imanente à ordem jurídica. Na sua relação com o intérprete, o sistema não atua como um sol que apenas fornece calor sem nada receber em troca. Que fique claro que o sistema ilumina, mas também é iluminado. A ordem jurídica, enquanto ordem jurídica, só se põe presente e atual no mundo da vida através da luz temporalizada da hermenêutica. São os intérpretes que fazem o sistema sistematizar e, por conseguinte, o significado significar.

A hermenêutica confunde-se, pois, com o Direito, haja vista que é ela, e apenas ela, quem certifica o que é o sistema jurídico diante do caso concreto. Com efeito, ao revelar a essência da interpretação jurídica, o exegeta revela, indiretamente, a essência e a arquitetura íntima do Direito. O que é o sistema, em última análise, senão, acima de tudo, uma realidade na alma do intérprete? O que é o Direito senão um *esse in anima*? A exegese, matriz de todos os sentidos, recria[15] o universo jurídico a partir do próprio sistema. Sendo razão e sensibilidade, o processo hermenêutico é intuitivo e perceptivo, conjugando os mundos exterior e interior na fusão equilibrada de sujeito e objeto. Sem se identificar, de um lado, com a rebelião contra o texto e, de outro, com a seita da exatidão subsuntivo-descritiva, a hermenêutica serve de ponte integradora entre a idéia e a coisa, entre o dever-ser legal e o acontecer jurídico. Até certo ponto, o intérprete se situa no núcleo das principais relações das quais se nutre a dinâmica jurídica: a do sistema com a comunidade científica e a do mundo da vida com o

---

[15] Usando as palavras de Apel, a interpretação promove *"uma co-realização criadora ou recriadora"* do sistema (*"...schöpferischen oder nachvollziehenden Mitverwirklichung des Werkes..."*; in ob. cit., vol. I, p. 92).

sistema. O diálogo com cada um desses pólos e deles entre si só se viabiliza através do jurista-intérprete.

Assim, neste genuíno círculo hermenêutico ou *circulus fructuosus*, o sistema se delineia como realidade dinâmica coengendrada pela exegese no seu reflexivo impulso de buscar aval na mesma rede jurídica a que deu alma e significado. A hermenêutica, na exata medida em que colabora na construção do parâmetro de suas interpretações, converte-se, sem exagero, em criador e criatura. O sistema jurídico não enfeixa apenas a totalidade das normas, dos princípios e dos valores, mas, acima de tudo, a totalidade aberta formada pelas conexões de sentido nas quais o intérprete se compreende a si mesmo e ao mundo jurídico. O Direito só entra em funcionamento porque, confrontado com o *continuum* da vida, suscita plúrimas interpretações que, por sua vez, tornam-se, *ad infinitum*, objeto de novas exegeses. O que põe em movimento o sistema é, também e uma vez mais, aquilo que a todos impede de sobrestá-lo: o vôo hermenêutico - a perene e intersubjetiva procura do melhor sentido da lei ou, em termos mais concretos, da melhor solução sistemática para os conflitos jurídico-sociais.

2.2. Da condição de possibilidade do círculo hermenêutico

Nenhuma hermenêutica jamais surpreenderá a letra ou caligrafia definitiva do sentido originalmente intencionado pelo sistema jurídico. No Direito, ninguém dá a última palavra (interpretação): o fim sempre constitui um novo e eterno começo. Um texto (normativo ou literário) está longe de ser uma espécie de animal doméstico mansamente acomodado aos pés do intérprete ou, ao reverso, uma besta selvagem totalmente rebelde às aproximações da exegese. Mais do que em qualquer outro lugar, tem plena vigência, na hermenêutica jurídica, o princípio de que *"ex parte enim cognosciamus et ex parte prophetamus"*.[16] Apesar disso, o certo é que há boas e más interpretações, e a ordem jurídica não pode abrir mão de perseguir as melhores - as que promovam a máxima integração com o mínimo de conflito entre os elementos constitutivos do sistema. Eis o cálice do qual o intérprete não tem o direito de se afastar sem romper a aliança com o sistema e consigo mesmo. Os princípios, normas e valores alimentam diferentes leituras e sistematizações, mas são também eles, em sinergia com a cultura humanístico-jurídica, os que mais auxiliam no desafio de decifrar o melhor sentido. O intérprete, na multifecundidade dos significados, descobre a pluridesigualdade das interpretações, cujo necessário esforço de hierarquização, ultrapassando as escolhas politicamente arbitrárias,[17] convoca o auxílio integrativo das linhas axiológicas do ordenamento jurídico. O Direito não deve e não precisa, na sua aberta unidade sistemática, abdicar do que possui de melhor. O sistema jurídico é, com certeza, um "ícone" ou "índice" móvel, mas permanece, ainda e eternamente, um sistema e, como tal, evoca, em muitos casos, um número ilimitado de interpretações, sem, contudo, justificar, levadas pelo voluntarismo, leituras incontinentes e dogmáticas. A hermenêutica, embora não configure um cálculo epistemológico exato e sem resto, é, evidentemente, *"meno aleatoria di una puntata sul rosso o sul nero"*.[18] À diferença

---

[16] São Paulo in *Nuevo Testamento Trilingüe*. Madrid: Biblioteca de Autores Cristianos, MCMXCIV, 1 Coríntios,13,9, p. 923: *"Porque parcialmente conocemos y parcialmente profetizamos"/"ék mérous gár guinóskomen kai ék mérous propheteúomen"*.

[17] Kelsen, Hans in *Teoria pura do direito*. Tradução de João Baptista Machado, São Paulo: Livraria Martins Fontes, 1987, p. 368. Ainda sobre esse ponto, vide Juarez Freitas in *A Interpretação Sistemática do Direito*. São Paulo: Malheiros Editores, 1995, p. 29, nota n° 15.

[18] Eco, Umberto in *I Limiti Dell'Interpretazione*. Milano: Bompiani, 1990, p. 105: *"...menos aleatória do que um lance de fichas em cima do vermelho ou do negro"*.

do que pensava Valéry[19] de seus versos, a ordem jurídica não tem, pura e simplesmente, o sentido que se lhe queira atribuir ou impor. Em cada ato interpretativo, estão presentes, em distintos níveis de densidade, não só os apontados princípios, normas e valores jurídicos, mas, antes, junto à consciência dos operadores do Direito, a tradição histórica, doutrinária e jurisprudencial, com base em que a exegese faz o sistema falar. Trata-se, portanto, sem prejuízo da regra da poliinterpretabilidade, de tarefa intrinsecamente dialógica e crítica, em que a comunidade hermenêutica dos juristas culmina ou por sufragar as interpretações mais adequadas ou, então, por desenganar as mais aberrantes.[20]

Na tentativa de abolir a meta finalística da melhor exegese, haveria, ao lado da obsoleta teoria da unívoca *intentio auctoris* ou *intentio legislatoris*,[21] apenas duas

---

[19] Valéry, Paul in *Commentaire de Charmes*. Oeuvres, Paris: Bibliothèque de la Pléiade, 1957, vol. I, p. 1509: *"Mes vers ont le sens qu'on leur prête"*.

[20] Como sublinha Umberto Eco, *"il circolo ermeneutico rettamente inteso è proprio questo, e rettamente inteso è anche capace di discriminare fra letture possibili e letture lunatiche"* (in ob. cit., p. 138). Embora *"la congettura idiolettale è inesauribile"*, essa se mostra sempre *"intersoggettivamente controllabile"*, qualificando, assim, *"alcune congetture como migliori"* (in ob. cit., p. 138).

[21] A teoria da significação unívoca tem por base filosófica a *"utopia lógica"* (*"logistischen Utopie"*) de uma *lingua universalis sive philosophica* cujas raízes, embora já localizáveis na antiguidade clássica (Platão) (vide W.K.C. Guthrie in *A History of Greek Philosophy*. Cambridge: Cambridge University Press, 1978, vol. V, p. 31) e na idade média (Raimundus Lullus), só encontraram solo mais fértil no século XVII. O sonho confessado de Leibniz (in *Opuscules et Fragments inédits de Leibniz*. Paris: ed. L. Couturat, 1903, pp. 153 e ss.) era cunhar signos lingüísticos (*simplices*) que, do ponto de vista da fixidez e da precisão, estariam para idéias assim como a aritmética está para os números. Esse alfabeto matemático permitiria, então, de uma vez por todas, substituir as frustrantes, enfadonhas e infindáveis polêmicas sobre o sentido das palavras por uma espécie de *ars combinatoria* ou *calculus ratiocinator*. Como vaticinava o esperançoso Leibniz, *"alors raisonner et calculer sera la même chose"* (in ob. cit., p. 28). O pressuposto dessa verdadeira gramática universal, *characteristica universalis*, seria, sem outra possibilidade, uma semântica *a priori* ligada aos rigores formais da lógica e desligada das incertezas materiais da experiência concreta. De acordo com Apel, in ob. cit., vol I, p. 286, esta *"logistischen Utopie"* deu origem, mais tarde, à moderna filosofia analítica da linguagem, ao atomismo lógico de B. Russel e do jovem Wittgenstein, bem como à *"construção lógica do mundo"* de Carnap. Todavia, o que esses

outras estratégias residuais: (a) ou se afirma que todas as interpretações são erradas; (b) ou se sustenta que todas são igualmente boas. Em qualquer das hipóteses, o caminho tomado conduz, fatalmente, a uma idêntica e desenganadora contradição performativa.[22]

---

filósofos não perceberam é que *"der 'Sinn' ('meaning') der Zeichen liegt nun nicht mehr in den Dinge (wie bei Russel und dem frühen Wittgenstein), auch nicht in den Dinge, sofern sie bezeichnet sind, sondern in der 'Interpretation' der Zeichen durch den menschlichen Zeichengebrauch. Und die Wahrheit der Zeichen liegt darin, dass dieser Zeichengebrauch sich in der Lebenspraxis bewährt"* ("O 'sentido' ('meaning') não está mais nas coisas (como em Russel e no primeiro Wittgenstein), tampouco nas coisas enquanto designadas, mas na 'interpretação' desses signos por meio do emprego humano de tais signos. E a verdade dos signos se comprova pelo uso destes mesmos signos na praxis da vida"; Karl-Otto Apel in ob. cit., vol. I, p. 315).

[22] A idéia de contradição performativa ou, simplesmente, autocontradição, - agora enriquecida pelos trabalhos de Apel e Habermas - remonta, por um fio contínuo, ao velho Aristóteles. No livro IV da Metaphysica, entre as proprie-dades axiais do *"ser enquanto ser"* (*"on e on"*; in *Metaphysica*, Edição trilíngüe de Valentín García Yebra, Madrid: Editorial Gredos, 1982, 1003, a, 21, p. 150), há, de acordo com o Estagirita, dois princípios universalmente válidos: o princípio de não-contradição e o princípio do terceiro excluído. Aristóteles alerta, porém, para a circunstância de que a *"demonstração"* (*"apodéixai"*) de ambos os princípios não se poderia realizar através do método convencional, com base em uma *demonstratio ostensiva*. Se se trata, rigorosamente, de princípios, não se poderia, então, mostrar sua validade apelando para a força probante de outros princípios. Com efeito, isso levaria a um processo regressivo infinito, cujo resultado parece revelar a própria impossibilidade de qualquer demonstração absoluta (in ob. cit., 1006, a, 5-10, p.168). Uma vez que os apontados princípios - sobretudo o de não-contradição - constituem-se nos requisitos primeiros e impostergáveis de todas as demonstrações, o *"caminho"* (*"hodós"*) da *"demonstração direta"* (*"apodéixai aplós"*) conduziria a uma fatal *petitio principii* (*"aiteisthai tò én arché"*; in ob. cit., 1006, a, 11-18, pp. 169-170), visto que semelhante esforço de fundamentação pressupõe exata-mente o que pretende fundamentar. Todavia, como estratégia tangencial, Aristóteles propõe uma demonstração *"elênktica"*, isto é, uma *"demonstração por refutação"* (*"apódeixis elenktikós"*; in ob. cit., 1006, a, 12, p. 168), deixando claro que aquele que nega o princípio de não-contradição já sempre o utilizou, *"destruindo"* (*"anairón"*), desse modo, a sua própria tese contesta-tória (in ob, cit., 1006, a, 20-26, p. 170). Mas é no último capítulo - o oitavo - do livro IV da Metaphysica que Aristóteles apresenta, em reforço aos argumentos em favor do princípio do terceiro excluído, uma interessante hipótese em que, da falsidade de duas proposições universais *contrárias*, decorre, logicamente, a verdade das respectivas proposições particulares *contraditórias*: *"...quem, com efeito, diz que são verdadeiros todos os discursos (panta alethé), torna verdadeiro também o discurso oposto ao seu e, por isso, não-verdadeiro (óuk alethé) o seu (visto que o discurso oposto diz que seu discurso não é verdadeiro), enquanto quem diz que são todos falsos (panta pseudés) diz ele*

HERMENÊUTICA E SISTEMA JURÍDICO

A teoria de que todas as interpretações são ruins faz dela mesma uma exegese equivocada: se todas erram, também ela, obrigatoriamente, claudica. Trata-se de um enunciado que, de um modo ou de outro, destrói-se a si mesmo no exato instante em que ganha voz. Tal proferimento interpretativo nega o seu conteúdo nuclear. Quem reprova todas as interpretações, mas, apesar disso, continua interpretando, repõe precisamente o que reprovou. A autocontradição é flagrante: o ataque predatório ao discurso configura, do mesmo modo, um discurso. Eis, portanto, uma estranha espécie de subtração que é, ao mesmo tempo, adição: o que uma mão tira, a outra restitui.

Já a tese oposta, e bastante liberal, de que todas as exegeses são boas, destrói a si mesma, transformando cada interpretação em regra autônoma, onde o vazio se projeta como o único sentido da lei. Ora, o vazio é como a cera: aceita qualquer forma. Ele é um e todos os sentidos. Se qualquer leitura é pertinente, tudo, de imediato, mostra-se factível, e a interpretação, por este artifício, deixa de ser interpretação para se transmutar em norma. De maneira mais prática do que acadêmica, percebe-se que o completo vazio configura, talvez, a pior das clausuras. Sem meias palavras, o texto legal se rebaixa à condição de pretexto. Mas, ao reverso, interpretar não é desler. Nessa moldura lábil, uma vez que todo o significado faz sentido, qualquer leitura assume, automaticamente, um *topos* privilegiado e exclusivo,

---

mesmo que também o seu próprio [é falso]" (in ob. cit., 1012, b, 15-19, p. 212). Eis aí a conjunta e eficaz superação do ceticismo e do dogmatismo, superação essa que, neste capítulo, se adota como ponto de partida, enriquecendo-a, é claro, com o posterior e ainda recente giro hermenêutico-lingüístico-pragmático (Pierce, Wittgenstein II, Gadamer, Apel e Habermas). Assim, fazendo justiça ao grande Aristóteles, a verdade histórica é que, na crítica a Heráclito e a Anaxágoras (in ob. cit., 1012, a, 25, p. 210), já se encontrava pronto o núcleo da contestação aos modernos relativismo e dogmatismos absolutos. Refutando aos eleatas, Aristóteles refutava, por antecipação, ao niilismo dos descontrutivistas e dos subjetivistas.

tornando inútil o trabalho hermenêutico. Quando o relativismo serve de disfarce à astúcia da vontade, a conveniência do intérprete ganha o *status* de sentido inquestionável. Numa frase, concede-se ao impulso a licença para legitimar a força do arbitrário. Todavia, não custa recordar que o aviamento do sentido só tem significância quando o falar do sem-sentido ainda faz sentido. A aceitação antecipada de todas as exegeses corrói o cerne do processo hermenêutico e, mais ainda, a sua ulterior responsabilidade. Esse universalismo sem universais produz, agravado pelo *pathos* nietzcheano, um niilismo infrene e absoluto. A hiperinterpretação (Derrida)[23] desconstitui o seu próprio modelo hermenêutico. É que, na encruzilhada dos sentidos, a cínica indecidibilidade quanto às várias leituras está fadada a decidir-se, implicitamente, por conferir dogmática e lasciva validade a tudo, até mesmo à linguagem do absurdo - o holocausto hermenêutico. No fundo, os desconstrutivistas não passam, na essência, de uma nova e insolente floração daquela velha e dissimulada erva daninha profligada por Schelling: o dogmatismo. "Todas as leituras são possíveis" (="não há verdade"): com essas palavras mágicas selou-se a aliança entre todos os dogmatismos. Abraçando o ceticismo, alguns perceberam que podiam mudar de atitude sem precisar mudar de idéia. Como a serpente ao trocar de pelagem, cambiaram a forma sem intercambiar o conteúdo. Portanto, em sua implícita dialética negativa, Derrida termina, um pouco à maneira de ontem (Nietzsche) e anteontem (Berkeley), por atracar no antigo ancoradouro dos dogmáticos: como qualquer leitura se tornou

---

[23] Em sentido contrário à leitura que ora se faz de Derrida, vide Hans Lenk in *Interpretationskonstrukte*. Frankfurt am Main: Suhrkamp Verlag, 1993, pp. 394-411. Vide, ainda, Jacques Derrida in *De la Grammatologie*. Paris: Les Éditions Minuit, 1967; *Positions*. Paris: Les Éditions Minuit, 1972; *Marges de la Philosophie*. Paris: Les Éditions Minuit, 1972; *Du Droit à la Philosophie*. Paris: Ed. Galilée, 1993; *A Escrita e a Diferença*. Tradução de Maria Beatriz Marques Nizza da Silva, São Paulo: Editora Perspectiva S.A., 1995.

possível, aos intérpretes foi concedida, em caráter antecipado, a imissão definitiva na posse dos significados. Da gadameriana interpretação *ad hoc*, Derrida rumou, sem mediações, para a nietzscheana exegese *appositu*. Não há, como em Gadamer e Ricoeur, apropriação (=aplicação),[24] mas, no núcleo, verdadeiro esbulho ou desapropriação indireta do sentido. No caso, não se trata de *ars·interpretandi* ou *inveniendi*, porém, de pura e indômita arbitrariedade hermenêutica.

Mais intrépidos do que os famosos selvagens de Luisiana que, para comer os frutos, abatiam a árvore,[25] os desconstrutivistas cometem a inominável soberba de serrar o galho onde se acham acomodados. Usam a razão para destruir (desconstituir) o próprio horizonte de racionalidade em que, desde o início, se movimentam. Esquecem que não há como desconfiar da razão sem, ao mesmo tempo, assumi-la. Ao pretender desconstruir tudo, Derrida fica preso pela força gravitacional da energia que precisa mobilizar como pressuposto de viabilidade do agir desconstrutivo. Afinal, uma desconstrução que desconstruísse tudo, desconstruiria a própria possibilidade de desconstruir. Até o Wittgenstein da segunda fase reconheceu que *"uma dúvida que duvidasse de tudo, não seria mais uma dúvida"*.[26] Em idêntica aporia tropeça o indulgente neo-estruturalismo. Derrida parece haver abandonado a validade de suas idéias ao destino completamente volátil dos jogos lingüísticos,

---

[24] Cuidando para nunca sucumbir ao niilismo hermenêutico, Gadamer, sobretudo quando trata da interpretação jurídica, afirma *"Verstehen ist dann ein Sonderfall der Anwendung von etwas Allgemeinem auf eine konkrete und besondere Situation"* (*"Compreender é, então, um caso especial da aplicação de algo geral a uma situação concreta e particular"*; in ob. cit., vol. I, p. 317), razão por que algo novo sempre nasce da *"kraft der Produktivität des Einzelfall"* (*"força da produtividade dos casos concretos"*).

[25] Mostesquieu in *De L'Esprit des lois*. Oeuvres Complètes, Paris: Éditions du Seuil, 1964, Livro V, 13, p. 551: *"Quand les sauvages de la Louisiane veulent avoir du fruit, ils coupent l'arbre au pied, et cueillent le fruit"*.

[26] in *Über Gewissenheit*. Oxford: Basil Blackwell, 1979, p. 59: *"Ein Zweifel, der an allem zweifelte, wäre kein Zweifel"*.

cujas regras - e, sobretudo, o significado das palavras - seriam mais finitas do que as formas de interesse e de vida que as engendram. Mas quem leva assim tão longe a babel da *"misreading"* ou da *"misunderstanding"*,[27] não pode, como filósofo - e como ser linguageiro - dizer absolutamente mais nada com sentido sobre os próprios jogos desconstrutivos. O desconstrutivismo rouba de si exatamente o de que necessita, do ângulo de visada da razão, para poder se identificar e reconhecer como tal. Depois de conduzir ao absurdo a magia da *"différance"*,[28]

---

[27] Culler, Jonathan in *On Desconstruction: Theory and Criticism after Structuralism*. London: Cornell University Press, 1983, p. 176. Como um representante fiel do desconstrutivismo, Culler, junto com Derrida, apregoa que *"every reading is a misreading"*, de sorte que *"understanding is a special case of misunderstanding, a particular deviation or determination of misunderstanding"*. O que Derrida teima em não avaliar com a devida atenção é que, salvo melhor juízo, não há como desconstruir sem supor o prévio e aferível trabalho construtivo do texto! Não se poderia interpretar Platão contra Platão, Kant contra Kant ou Austin contra Austin, como o fez Derrida, sem antes presumir delimitável a intenção dos textos platônico, kantiano e austiniano. Ora, se isso for verdade, então, interpretar não é apenas desconstruir (desinterpretar, desler), mas, também e, sobretudo, reconstruir. O Wittgenstein II, in ob. cit. p. 16, já alertava para a circunstância de que *"alle Prüfung, alles Bekräften und Entkräften einer Annahme geschieht schon innerhalb eines Systems. Und zwar ist dies System nicht ein mehr oder weniger willkürlicher und zweifelhafter Anfangspunkt aller unsrer Argumente, sondern es gehört zum Wesen dessen, was wir ein Argument nennen. Das System ist nicht so sehr der Ausgangspunkt, als das Lebenselement der Argumente"*. (*"Qualquer prova, qualquer confirmação ou refutação de uma hipótese já tem lugar no seio de um sistema. E tal sistema não é um ponto de partida mais ou menos arbitrário e duvidoso de nossos argumentos, mas pertence à essência do que denominamos argumentação. O sistema não é só o ponto de partida, mas o elemento vital dos argumentos"*).

[28] Como se sabe, o verbo *différer* - do qual resulta a palavra *différence* - significa diferenciar ou diferir. O neologismo empregado por Derrida através do ajuntamento da terminação *ance* busca dar conta e, ao mesmo tempo, realce ao supostamente indecidível jogo alternativo e alternante das significações no seio da linguagem, ou seja, *"Le a de la différance marque le mouvement de ce déploiement"* (in *Marges de la Philosophie*. Paris: Les Éditions de Minuit, 1972, p. 23). No dialeto de Derrida, *différance*, ao lado do termo *espacement*, quer dizer simultaneamente *diferença-diferente-diferimento*. Como sublinha Derrida, *"...la différance n'est pas. Elle n'est pas un étant-présent, si excellent, unique, principiel ou transcendant qu'on le désire. Elle ne commande rien, ne règne sur rien et n'exerce nulle part aucune autorité. Elle ne s'annonce par aucune majuscule. Non seulement il n'y a pas de royaume mais celle-ci fomente la subversion de tout royaume"* (in ob. cit., p. 22). Numa frase, para Derrida *"la*

não lhe resta a possibilidade de definir-se como desconstrutivista.

Hermenêutica. Que aspecto estranho toma essa palavra nos lábios de Derrida! Depois de Gadamer, todos têm plena consciência de que não há regaço definitivo onde o intérprete possa repousar o espírito. Mas se Gadamer, em face do caráter inconcluso de toda experiência interpretativa, ensina, com lucidez, que aos pontos de partida finitos nunca lhes corresponde um ponto de chegada unívoco, o desconstrutivista, à sua vez, sustenta, *"num niilismo hermenêutico indefensável"*,[29] não haver nem uma coisa nem outra. O autor não sabe o que escreve, e os leitores não atinam o que lêem, de maneira que a promiscuidade insondável da *"diferença"* esfolia-se em contradições e obscuridades sem limites, fermentando a idéia de que *"every reading is a misreading"*,[30] assim como toda a escritura é uma desescritura.[31]

Para Derrida, o sistema lingüístico compõe-se de uma descontínua e exuberante dança de diferenças:

"O jogo de diferenças envolve síntese e referências que evitam que haja, em qualquer momento ou de qualquer modo, um simples elemento que esteja presente em e por si mesmo e que refira apenas a si próprio. Seja no discurso escrito ou falado, nenhum elemento pode funcionar como signo sem se relacionar a outro elemento, que, por sua vez, não está simplesmente presente. Essa ligação significa que cada 'elemento' - fonema ou grafema - é constituído com referência ao vestígio que contém

---

trace (pure) est la différance" (in *De la Grammatologie*. Paris: Les Éditions Minuit, 1967, p. 92).

[29] Gadamer, Hans-Georg, in ob. cit., vol I, p. 100: *"Das scheint mir ein unhalbarer hermeneuticher Nihilismus"*.

[30] Culler, Jonathan in ob. cit., p. 176.

[31] Um claro testemunho dessa idéia se recolhe da leitura de Harold Bloom in *Um Mapa da Desleitura*. Tradução de Thelma Médici Nóbrega, Rio de Janeiro: Imago Editora, 1995, p. 15: *"...a leitura, portanto, é uma 'desescrita' assim como a escrita é uma desleitura"*.

de outros elementos da seqüência ou sistema. Essa ligação, essa tessitura, é o texto, que é produzido apenas pela transformação de outro texto. Nada, seja nos elementos ou no sistema, está em nenhum lugar simplesmente presente ou ausente. Há apenas, por toda parte, diferenças e vestígios de vestígios".[32]

Com sabedoria, alguém já disse que, muitas vezes, é mais fácil descobrir uma verdade do que lhe conceder a justa proporção e o devido uso.[33] Esse parece ser o caso de Derrida com a *"différance"*. Não há como negar, em todo sistema de linguagem, o traço marcante da diferença como sendo o grande responsável pela descontinuidade e pela significação transitiva e transitória dos signos. De fato, inexiste um molde lingüístico-semântico absoluto. Em princípio, a estabilidade dos conceitos tem por base um eterno e reformável consenso histórico. Depois de sublinhar que *"la langue est un forme et non une substance"*,[34] Saussure - ponto de partida eleito por Derrida - já afirmava que *"dans la langue il n'y a que des différences"*.[35] Assim, conhecer o conteúdo significante de uma palavra representa, em larga medida, exteriorizar os muitos con-

---

[32] in *Positions*. Paris: Les Éditions Minuit, 1972, pp. 37/38: *"Le jeu des différences suppose en effet des synthèses et des renvois qui interdisent qu'à aucun moment, en aucun sens, un élément simple soit présent en lui-même et ne renvoie qu'à lui-même. Que ce soit dans l'ordre du discours parlé ou du discours écrit, aucun élément ne peut fonctionner comme signe sans renvoyer à un autre élément qui lui-même n'est pas simplement présent. Cet enchaînement fait que chaque 'élément' - phonème ou graphème - se constitue à partir de la trace en lui des autres éléments de la chaîne ou du système. Cet enchaînement, ce tissu, est le texte qui ne se produit que dans la transformation d'un autre texte. Rien, ni dans les éléments ni dans le système, n'est nulle part ni jamais simplement présent ou absent. Il n'y a, de part en part, que des différences et traces de traces"*.

[33] Umberto Eco, in ob. cit., p. 332, tem razão quando diz que *"non concordo affatto con Searle quando dice che 'Derrida ha una deplorevole propensione a dire cose che sono ovviamente false'(...). Al contrario, Derrida ha un'affascinante inclinazione per dire cose che sono ovviamente vere, o vere in un modo non ovvio. ... Tuttavia accade di frequente che Derrida - per sottolineare verità non ovvie - abbia poi finito per dare per econtate troppe verità ovvie"*.

[34] Saussure, Ferdinand, in *Cours de Linguistique Générale*. Paris: Payot, 1973, p. 169.

[35] Idem: in ob. cit., p. 166.

trastes e combinações que estruturam um idioma. O *sim* quer dizer *sim* não por obra de uma conotação originária e presente a si, mas pelo seu perpétuo e concreto cruzamento com os demais signos e significações. Em outros termos, na esfera do sentido, o critério de identidade é sempre inter-relacional e móvel.

Todavia, dessa reconhecida falta de um fundamento último, - que se extrai da circunstância de que, também na linguagem, *"la justification ne peut donc jamais être absolue et définitive"*[36] - não se afigura lúcido concluir que a função do significado, além de ilusória, seria inefável e tantalizante - um sedutor desejo fora do nosso alcance. Para um inimigo declarado da chamada ciência logocêntrica, ao discurso de Derrida não lhe cai bem essa lógica do tudo ou nada, típica das visões totalitárias do racionalismo clássico com as quais o filósofo nunca deixou de polemizar. Aqui se torna cristalina a certeza de que todo o esforço Derridiano tem como saldo, ao estilo de Nietzsche, uma pobre e singelíssima troca de sinais: substituiu a fundamentação positiva por uma fundamentação negativa - rei morto, rei posto. No fim, a revolução se fez restauração. Com sinal mudado, Derrida se tornou mais uma evidência da própria crise que pretendeu superar. Sem querer, sua filosofia se converteu, de forma ambivalente, tanto em uma fuga quanto em uma confissão da antes repudiada vontade de fundamento. Mas nessa passagem do conceito para o anticonceito, nota-se que o *"fundamentalismo invertido"*[37] de

---

[36] Derrida, Jacques, in *De la Grammatologie*. Paris: Les Éditions Minuit, 1967, p. 102.

[37] Habermas, Jürgen in *Der Philosophische Diskurs der Moderne*. Frankfurt am Main: Suhrkamp Verlag, 1988, pp. 192 e 213: *"umgekehrten Fundamentalismus"*. Com a censura ao logocentrismo, Derrida reporta-se à frustrada crença em uma realidade transcendente capaz de conferir esteio e fundamento último às palavras e aos significados. Na história da filosofia, os candidatos mais votados foram, talvez, o Deus, a Essência, o Ser, o Eu e também a própria Idéia. Com cada um destes transcendentais, os filófosos, de forma isolada, esperavam dar fundamento definitivo aos sistemas de pensamento e linguagem. Todavia, em face do insucesso dessas tentativas, Derrida, mais

Derrida desconsidera que *"se a razão fosse obrigada, sob ameaça do seu declínio, a fixar-se nestes objetivos clássicos visados desde Parmênides até Hegel; se a razão como tal, também ainda segundo Hegel, estivesse perante a alternativa de insistir nos conceitos fortes de teoria, verdade e sistema, tal como era habitual na grande tradição, ou do contrário renunciar a si mesma, então uma crítica adequada da razão teria de fato de a apanhar pela raiz a uma tal profundidade que quase não poderia evitar o paradoxo da auto-referência. Assim o imaginou Nietzsche. E, infelizmente, Heidegger, Adorno e Derrida também parecem confundir ainda os questionamentos universalistas preservados na filosofia a par daquelas aspirações estatuárias há muito abandonadas que, no passado, a filosofia tinha reclamado para as suas respostas. Hoje em dia, é evidente que o alcance das questões universalistas - por exemplo, da questão das condições fundamentais da racionalidade dos enunciados, das pressuposições pragmáticas universais do agir comunicacional e da argumentação - tem de se refletir na forma gramatical das proposições universais, mas, de modo algum, na incondicionalidade da validade ou da 'última fundamentação' que tinha sido exigida para elas e para o seu quadro teórico. A consciência falibilista das ciências também já alcançou a filosofia".*[38]

uma vez acompanhando Nietzsche (vide *Ecce homo*. Frankfurt am Main: Insel Verlag, 1988, p. 36), deliberou ser mais radical. Desejando evitar a substituição dos velhos por novos ídolos, substituiu o fundamento pelo não-fundamento. Não percebeu que a suposta não-idolatria resultante de uma fundamentação às avessas também se constitui numa idolatria e, como tal, possui, igualmente, pés de barro.

[38] Idem: in ob. cit., pp. 246-247, nota 74: *"Wäre die Vernunft gehalten, bei Strafe ihres Untergangs, an diesen Klassischen, von Parmenides bis Hegel verfolgten Zielen der Metaphysik feszuhalten; stünde die Vernunft als solche, auch nach Hegel noch, vor der Alternative, auf den starken Begriffen von Theorie, Wahrheit und System, wie sie in der grossen Tradition üblich waren, zu bestehen - oder aber sich selber aufzugeben; dann müsste eine angemessene Vernunftkritik tatsächlich so tief an die Wurzel greifen, dass sie der Paradoxie der Selbstbezüglichkeit kaum dürfte entgehen können. So hat es sich Nietzsche dargestellt. Und unglücklicherweise scheinen auch noch Heidegger, Adorno und Derrida die in der Philosophie beibehaltenen universalistischen Fragestellungen mit jenen längst preisgegebenen Statunsansprüchen zu verwechseln, die die Philosophie für ihre Antworten einmal reklamiert hat. Heute liegt es aber auf der Hand, dass sich die Reichweite universa-*

Ademais, as diferenças não são, nem poderiam ser, tão absolutas a ponto de, num paroxismo desgovernado e *en abime*, desdiferenciar as diferenças, transformando todas as exegeses em desexegeses. Um *minimum minimorum* de objetividade parece ser um pressuposto irrecusável do próprio subjetivismo, uma vez que, salvo melhor juízo, os apóstolos da desconstrução, como usuários da linguagem, ainda não abriram mão da faculdade de pensar.[39] O sistema lingüístico é aberto e móvel, porém não se confunde com uma etérea e oca bolha de ar. Ainda quando histórico e mutante, há um recursivo vestígio de cunho falibilista que, não se apresentando como simples vestígio, atribui certa previsível fiabilidade e coerência aos vestígios semânticos. Como não se delineiam diferenças sem referências, já sempre tem de haver uma não-diferença que faz a diferença entre as diferenças. Uma total *"différance"* necessária e manifestamente volatizaria o contraste entre os contrastes e, com ele, a múltipla desigualdade dos significados.

O que se percebe é que a cética entonação do subjetivismo radicalizado nivela todos os critérios e, por conseguinte, abre uma fenda incolmatável não apenas entre os signos e a realidade, o intérprete e o texto, o sentido e o diálogo, mas, mais atrás, entre os respectivos fonemas ou grafemas articuladores da linguagem, que

---

listischer Fragen - beispielsweise der Frage nach den notwendigen Bedingungen der Rationalität von Äusserungen, nach den allgemeinen pragmatischen Voraussetzungen des kommunikativen Handelns und der Argumentation - zwar in der grammatischen Form universeller Aussagen spiegeln muss, nicht aber in der Unbedingtheit der Geltung oder der 'Letztbegründung', die für sie und ihren theoretischen Rahmen beansprucht würde. Das fallibilistische Bewusstsein der Wissenschaften hat auch die Philosophie ereilt".

[39] Mostrando as inconsistências do relativismo absoluto, Hilary Putnam deixa muito claro que *"o relativista não se dá conta de que a existência de algum tipo de 'correção' é um pressuposto do próprio pensamento"* (*"der Relativist übersieht, dass es eine Voraussetzung des Denkens selbst ist, dass es so etwas wie objektive 'Richtigkeit' gibt"* in *Vernunft, Wahrheit und Geschichte*. Frankfurt am main: Suhrkamp Verlag, 1995, p. 168).

ficam reduzidos a um vazio infinito, a *"un blanc textuel"*[40] completamente atomizado e manipulável. Na contramão da comunidade de sentido, ocorre como que uma plena, selvagem e irrestrita "privatização" da língua, caudatária da idéia de que *"...'la pensée' ne veut rien dire"*.[41] Partindo da ilimitada *"différance"*, o desconstrutivismo acaba, de forma oposta, por se despedir das diferenças, obrigando o que restou da racionalidade a conviver com a entronização de um monstruoso[42] absurdo: os intérpretes podem dar a lume infinitas leituras, porém, não havendo boas ou más, todas são igualmente legítimas e válidas. Onde não há interpretações ou significações impossíveis, não cabe mais pensar nas melhores ou nas piores, de sorte que a hermenêutica se converte, como *parole vide,* num anticonceito a serviço dos voluntarismos de todo gênero. Assim, na volúpia desconstrutiva, a razão está com todos e, por isso, com ninguém. Como denuncia Habermas, *"as diferenças e antagonismos estão agora de tal modo minados, mesmo desmoronados, que a crítica, na paisagem insípida e pálida de um mundo totalmente administrado, calculado, dominado, não pode mais construir contrastes, nuanças e tonalidades ambivalentes"*.[43]

---

[40] Derrida, Jacques, in *De la Grammatologie.* Paris: Les Éditions Minuit. 1967, p. 142.

[41] Derrida, Jacques, in ob. cit., p. 142.

[42] O adjetivo *monstruoso* não é aqui usado de forma casual, já que a opção pela *monstruosité* foi feita pelo próprio Derrida no prefácio da *Grammatologie:* *"L'avenir ne peut s'anteciper que dans la forme du danger absolu. Il est ce qui rompt absolument avec la normalité constituée et ne peut donc s'annoncer, se présenter, que sous l'espèce de la monstruosité"* (in *De la Grammatologie.* Paris: Les Éditions Minuit, 1967, p. 14). Sem dúvida, é com tal instinto e com essa perspectiva que Derrida usa e, mais do que isso, abusa da força desconstrutiva da *"différance".*

[43] in ob. cit., p. 392: *"Die Differenzen und Gegensätze sind jetzt soweit unterminiert, ja eingestürzt, dass die Kritik, in der flachen und fahlen Landschaft einer total verwalteten, berechneten, vermachteten Welt, Kontraste, Schattierungen und ambivalente Tönungen nicht mehr ausmachen kann".*

HERMENÊUTICA E SISTEMA JURÍDICO

Ao que tudo indica, Derrida negligencia ou ignora um dos principais aportes de Gadamer à Teoria Geral da Hermenêutica: a dialética da participação - a fusão de horizontes. O intérprete não vive em um universo lógico e cognitivo completamente fechado ou totalmente aberto. A natural indeterminação da pergunta hermenêutica *"não é ilimitada"*,[44] pois *"uma pergunta pressupõe abertura, mas também uma limitação"*.[45] Isso se torna tanto mais claro quando se tem presente que um ponto de interrogação sem nenhum traço delimitador termina por despencar num vazio inescrutável.[46] É por isso que a conhecida metáfora gadameriana da fusão de horizontes, sem dramatizar o ritual desconstrutivo da *"différance"*, repele, de um lado, a leitura única (Leibniz)[47] e, de outro, a (des)leitura cético-dogmática. Trata-se, como se nota, de uma idéia que toma a dianteira a partir da dupla e permanente recusa do objetivismo e do subjetivismo ilimitados. Gadamer vai além, porque fica "aquém" de Nietzsche e Derrida. A fusão de horizontes já sempre pressupõe o Outro e, portanto, o horizonte do *"diálogo que somos nós"*.[48] Para Gadamer, o espaço crítico, ainda quando não se afaste do véu da pré-compreensão, nasce assestado no rumo do consenso e da intersubjetividade. Uma vez que o sentido apenas ganha conteúdo através da dimensão interrogativa do diálogo, os signos lingüísticos, de maneira simétrica, só se fazem visíveis na conversação e, nesse núcleo de alteridade, não se oferecem como elementos desorganizados, mas como partes integradas no dialógico e hermenêutico procedimento

---

[44] Gadamer, Hans-Georg, in ob. cit., vol. I, p. 369: *"Nun ist die Offenheit der Frage keine uferlose"*.

[45] Idem: ob. cit., vol. I, p. 369: *"Fragenstellung setzt Offenheit voraus, aber zugleich eine Begrenzung"*.

[46] Idem: ob. cit., vol. I, p. 369: *"Eine Frage, die desselben ermangelt, geht ins Leere"*.

[47] Vide nota nº 21.

[48] Gadamer, Hans-Georg in ob. cit., vol. I, p. 478: *"Wir suchen von dem Gespräch aus, das wir sind, dem Dunkel der Sprache nahezukommen"*.

de perguntas e respostas.[49] Em *Wahrheit und Methode*, interpretar é, acima de tudo, dialogar:

> *"Graças à sua lingüisticidade, toda a interpretação contém igualmente uma possível referência aos outros. Não existe fala que não envolva, simultaneamente, aquele que fala e o seu interlocutor. E isso também vale para o processo hermenêutico".*[50]

Assim, o que alguns parecem ter olvidado é que não há argumento convincente para se submeter o intérprete aos papéis antinômicos do objetivismo interpretocrata ou do subjetivismo interpretoclasta. O nascimento do intérprete - reequilibrando a semiologia do neo-estruturalista - não deve ocorrer à custa da morte, tampouco do assassinato das melhores interpretações. Na verdade, esse impulso hermeneuticida pratica, sem o perceber, um suicídio: o golpe também fulmina o agressor-intérprete. Nessa toada, tudo o que o *misreader* consegue é desacreditar-se a si mesmo e ao seu pandesconstrutivismo. As escolhas interpretativas não se confundem com grosseiros acidentes semânticos perdidos nos desvãos da vontade do intérprete ou do que quer que seja que Derrida tenha colocado no lugar da vontade de poder de Nietzsche. A pura *voluntas interpretis* ou *voluntas lectoris* é tão ou mais inconsistente e nociva do que a indecifrável *voluntas legislatoris*. Não se pode fazer com a linguagem, com um texto ou com uma lei, tudo o que se desejar. Tal idéia não passa de um amplificado delírio teórico. Com certeza, há limites. Apesar da oscilante *"différance"*, a palavra se oferece como um

---

[49] Idem: *Destruktion und Dekonstruction* in ob. cit., vol.II, p. 371: *"...die Worte überhaupt nur im Gespräch da sind, und Worte im Gespräch überhaupt nicht als das einzelne Worte da sind, sondern als das Ganze eines Rede- und Antwortstehens".*

[50] Idem: in ob. cit., vol. I, p. 401: *"Dank der Sprachlichkeit aller Auslegung ist gewiss in aller Auslegung der mögchliche Bezug auf andere mit enthalten. Es kann kein Spreche geben, das nicht den Sprechenden mit dem Angesprochenen zusammenschliesst. Da gilt auch für den hermeneutischen Vorgang".*

patrimônio pertencente a todos, cujo arco de possibilidades semânticas, conquanto infinito, sofre, em cada situação hermenêutica - seja em um poema, seja em uma norma jurídica - o peso e o controle das forças e dos hábitos sociais que a modelaram. A interpretação de um soneto de Shakespeare pode ser mais livre do que a de um artigo do código de trânsito, contudo, nenhuma das duas haverá de ser absolutamente anárquica e insondável.

Outra perversa contradição dos desconstrutivistas é a de que, ao exponenciarem a liberdade e os direitos do intérprete, destruíram o mais ínfimo e mínimo poder de comunicação da linguagem.[51] Se tudo se mostra hermeneuticamente possível, então, *a fortiori*, raciocinar ou dialogar se tornou uma bizarra aventura onde as palavras vagueiam no eterno labirinto das leituras errantes e erráticas. Não havendo nem o reflexo temporalizado do fio de Ariadne, o intérprete se moveria de um sem-sentido para outro, como se fora a mosca wittgensteiniana condenada, no *medium* da linguagem, a jamais descobrir a saída da garrafa sem quebrá-la. As pessoas falam ou escrevem, porém o sentido do que escrevem ou falam dependeria tão-somente do arbítrio voluntarista dos leitores. Mas quando tudo significa tudo, nada significa nada. Diante da completa entropia, qualquer número equivale a zero. As contradições, entretanto, não cessam: o discurso anárquico do desconstrutivismo somente não se aplica a si mesmo. O poder comunicacional da linguagem foi solapado apenas contra os outros, não assim contra os próprios neo-estruturalistas. Para eles a comunicação serve exclusivamente para comunicar a impossibilidade de comunicação.

---

[51] No dizer de Terry Eagleton, *"a literatura para os desconstrutivistas testemunha a impossibilidade de que a linguagem venha a fazer algo mais do que falar sobre o seu próprio fracasso, como os bêbados tediosos. A literatura é a ruína de toda referência, o cemitério da comunicação"* (in *Teoria da Literatura: Uma Introdução.* Tradução de Waltensir Dutra, São Paulo: Martins Fontes, 1997, pp. 201).

É estarrecedora a persistência com que Culle,[52] De Man,[53] Bloom,[54] Miller[55] e outros, insistem em nos persuadir da universal impossibilidade da leitura, apelando para a circular impossibilidade como instrumento conclusivo. Depois de levarem ao absurdo o papel da desleitura, os desconstrutivistas, como náufragos, tentam agora se salvar, agarrando-se às próprias ondas desse mar tempestuoso da *"différance"* (Karl Löwith). Caberia indagar-lhes: como alguém pode ler a impossibilidade de ler? Será que os leitores só conseguem ler a sua incapacidade de ler? Será que para além dessa leitura - apenas ela imune à desconstrução - tudo o mais seria desleitura? *Mutatis mutandis,* como um indivíduo pode falar, ver e ouvir depois de declarar-se completamente mudo, cego e surdo? Tal é o risonho paradoxo em que se aventurou a confusa ousadia desconstrutivista. Na realidade e nas entrelinhas, a superinterpretação, caindo na armadilha lógica de utilizar o sentido para pôr fim ao sentido, como que espera não ser superinterpretada! De fato, causa espécie a irresignação quase logocêntrica com que Derrida[56] recusa-se a aceitar o modo como Searle leu *Signature evenement context.*[57] Como bem anotou M. H. Abrams, a grei desconstrutivista participa *"de um jogo duplo, introduzindo sua própria estratégia interpretativa na leitura do texto de outras pessoas, mas confiando tacitamente nas normas comuns quando se propõe a*

---

[52] Vide as notas nºs 27 e 30.

[53] De Man, Paul, in *Alegorias da Leitura.* Tradução de Lenita R. Esteves, Rio de Janeiro: Imago Editora, 1996.

[54] Vide a nota de nº 31.

[55] Miller, J. Hillis in *A Ética da Leitura.* Tradução de Eliane Fittipaldi e Kátia Orberg, Rio de Janeiro: Imago Editora, 1995.

[56] Com a ironia habitual, Umberto Eco in *Semiótica e Filosofia da Linguagem.* Tradução de Mariarosaria Fabris e José Luiz Fiorin, São Paulo: Editora Ática S.A., 1991, p. 226 registra: *"Derrida contesta o modo como Searle leu Derrida. Sua única fraqueza é pretender que Searle leia seu texto de modo 'correto'...".*

[57] Derrida, Jacques, in *Marges de la Philosophie.* Paris: Les Éditions Minuit, 1972.

comunicar os métodos e resultados de suas interpretações a seus próprios leitores".[58] Derrida está pronto a semear o entulho sem fim das novas e ilimitadas leituras desconstrutivas, mas não a aceitar a desconstrução do desconstrutivismo enquanto desconstrutivismo. O que se observa é que, justamente dos tons mais agudos desse discurso sofista, emerge, de forma inesperada, a vis platônica da oculta pretensão de validade. Embora não admita, Derrida tenta ser, ao mesmo tempo, Sócrates e Górgias...

Depois de haverem desmascarado as ilusões logocêntricas do objetivismo, os desconstrutivistas, paradoxalmente, como que procuram, num movimento invertido, apoiar a validade do seu próprio discurso em uma nova espécie de certeza, isto é, uma certeza de segundo grau, negativa e, apesar de todos os despistes, também ela, de algum modo, secretamente objetivista: a certeza de um subjetivismo absoluto, mais poderoso do que as forças emancipatórias da razão iluminista, que já sempre instrumentalizaria o sentido (quer literário, quer jurídico), curvando-se às ardentes sevícias do gosto e do poder. O que se constata é que o pensamento pós-nietzscheano trocou o racionalismo pelo irracionalismo, sem renunciar, como seria lógico, àquela confortável cátedra das certezas por ele fustigadas. Curiosamente, foi com essa postura cripto-objetivista que os neo-estruturalistas, tanto os da vertente estetizante (Derrida, De Man), quanto os da corrente historiográfica (Foucault), parecem ter reclamado exclusivamente para si os privilégios normativos de sua acusadora dialética genealógica e

---

[58] in *Doing Things with Texts: Essays in Criticism and Critical Theory*, New York, 1989, p. 295. O relativismo desconstrutivista parece não notar a contradição em que incorre quando mantém um ponto de vista, mesmo depois de haver afirmado que todos os pontos de vista não estão corretos. Para ser coerente com as suas próprias idéias, ao relativista só lhe resta uma saída nada honrosa: converter-se na *"planta"* aristotélica que já não tem pontos de vista porque renunciou, em definitivo, à tarefa de pensar... Sobre a crítica ao relativismo radical, vide, ainda, Hilary Putnam, in ob. cit., pp. 163-172.

desconstrutivista, somente ela imune ao torrencial relativismo. O resultado dessa retórica do não-fundamento (que transformou a incerteza na única certeza), fez com que os tentáculos da conveniência e da astúcia para sempre conquistassem o governo do agora eterno desgoverno nivelador de todas as (des)exegeses e (des)leituras. Como muito bem denunciou Habermas, eles *"querem promover um discurso especial que pretende desenvolver-se fora do horizonte da razão sem ser, contudo, absolutamente irracional"*.[59] Em outas palavras, Derrida e Foucault tentam ser, cada um à sua maneira, racionalmente irracionais.

Fruto até certo ponto tardio de uma tradição que remonta ao movimento estudantil de maio de 68 em França,[60] o crasso neo-estruturalismo enxerta na hermenêutica a ética negativa notabilizada pelos revoltosos parisienses: *"é proibido proibir"*. Tudo é permitido. A ética da leitura do desconstrutivismo assoalha a antinômica e auto-referente ausência de ética. O critério parece ser o descritério. Há algum tempo, Kant promoveu a conhecida e inspiradora distinção entre valor e dignidade: as coisas têm valor; as pessoas, dignidade.[61] Não se

---

[59] in ob. cit., p. 359: *"...wollen, ..., einen Sonderdiskurz in Gang setzen, der beansprucht, sich ausserhalb des Horizonts der Vernunft abzuspielen, ohne doch ganz und gar unvernünftig zu sein"*.

[60] Para Terry Eaglenton, *"o pós-estruturalismo foi produto dessa fusão de euforia e decepção, libertação e dissipação, carnaval e catástrofe, que se verificou no ano de 1968"* (in ob. cit., p. 195). Em outras palavras, *"a opinião de que o aspecto mais significativo de qualquer manifestação de linguagem é não saber do que está se falando demonstra uma resignação cansada ante a impossibilidade da verdade, que tem relação com a desilusão histórica posterior a 1968"* (in ob. cit., p. 199).

[61] De acordo com Kant, in *Grundlegung zur Metaphysik der Sitten*. Werkausgabe, Frankfurt am Main: Suhrkamp Verlag, 1974, vol.VII, p. 68 (BA 78), *"im Reichen der Zwecke hat alles entweder einen Preis, oder eine Würde. Was einen Preis hat, an dessen Stelle kann auch etwas anderes, als Äquivalent, gesetzt werden; was dagegen über allen Preis erhaben ist, mithin kein Äquivalent verstattet, das hat eine Würde"* (*"No reino dos fins tudo tem ou um preço ou uma dignidade. Quando uma coisa tem um preço, pode-se pôr em vez dela qualquer outra como equivalente; mas quando uma coisa está acima de todo preço, e, portanto, não permite equivalente, então tem ela dignidade"*).

deseja, de forma alguma, atribuir às leis e aos textos a condição de *"pessoas honorárias"*[62] para, em seguida, pretender que o intérprete não os pode tratar como meio, mas apenas como um fim em si mesmos. Essa estratégia configuraria forçado exagero; um exagero tão rematado, entretanto, quanto o de afirmar que não há ética possível para a hermenêutica.[63] Ora, a ética da leitura é idêntica à ética intersubjetiva do discurso: aqui como acolá, quem separa o joio do trigo é o diálogo no seio da comunidade jurídica de comunicação. *"É verdade que um texto não nos fala como faria um tu. Nós, os que o compreendemos, somos os que devemos trazê-lo à fala. No entanto, já vimos que este trazer-à-fala, próprio da compreensão, não é uma intervenção arbitrária, nascida de origem própria, mas está referida, enquanto pergunta, à resposta latente no texto"*.[64] Em qualquer exegese, há, do ponto de vista cognitivo e pragmático, uma natural e intersubjetiva pretensão de validade que só se confirma depois de passar pelo crivo universalizante da racionalidade dialógica. Conquanto não sejam objetivos, os significados são, pelo menos, intersubjetivos.[65] Apesar de tudo, exis-

---

[62] Rorty, Richard. *A trajetória do pragmatista*, in *Interpretação e Superinterpretação*. Tradução de Monica Stahel, São Paulo: Livraria Martins Fontes, 1993, p. 125.

[63] Idem: in ob. cit., p. 127.

[64] Gadamer, Hans-Georg in ob. cit., vol.I, p. 383: *"Zwar redet ein Text nicht so zu uns wie ein Du. Wir, die Verstehenden, müssen ihn von uns aus erst zum Redem bringen. Aber es hatte sich gezeigt, dass solches verstehendes Zum-Reden-Bringen kein beliebiger Einsatz aus eigenem Ursprung ist, sondern selber wieder als Frage auf die im Text gewärtigte Antwort bezogen ist".*

[65] Eco, Umberto in ob. cit., p. 336: *"In ogni modo, dal momento in cui la comunità è indotta a concordare su una data interpretazione si crea un significato che, se non oggetivo, è almeno intersoggetivo ed è comunque privilegiato rispetto a qualsiasi altra interpretazione ottenuta senza il consenso della comunità".* Em outras palavras, a subjetividade, quando ganha a forma do discurso e da ação, gera, como conseqüência de suas pretensões de validade, o fado objetivo e inescusável das justificações intersubjetivas. É justamente em face dos estados de coisas mais subjetivos que, com força redobrada, verifica-se a vital necessidade de anuência da comunidade dos intérpretes. Isso quer dizer, em termos, que quanto mais subjetivos forem uma afirmação ou um sentimento, tanto mais intersubjetivos eles igualmente se mostram. Pela mesma razão que os interesses só interessam em sociedade, também as

te, como se constata, algo de não completamente subjetivo na hermenêutica. E o elemento não-subjetivo presente no suposto subjetivismo absoluto da hermenêutica parece ser, ao fim e ao cabo, a própria intersubjetividade. É por essa circunstância que, também na órbita dos juristas, muitas são as interpretações e poucas, pouquíssimas as escolhidas...

A natureza pública da linguagem se estende à vizinha hermenêutica, fazendo com que toda a exegese seja, de forma originária e finalística, uma ação transitiva e interpessoal. O reconhecido obstáculo a uma linguagem privada[66] lança simétrico empecilho a uma

---

vontades, gostos ou preferências somente fazem sentido hermenêutico no encontro dialógico e hierarquizador com outras vontades, gostos ou preferências. Em contexto um pouco diverso, mas em idêntico sentido, Hannah Arendt, num trabalho bastante original sobre a filosofia política de Kant (in *Lições sobre a Filosofia Política de Kant*. Tradução de André Duarte de Macedo, Rio de Janeiro: Relume/Dumará, 1993), lembra, com muita propriedade, que o autor da *Crítica da Faculdade de Julgar*, bem cedo soube perceber que, até no juízo de gosto (ou estético) - sem dúvida o *"mais privado e subjetivo"* (ob. cit., p. 86) de todos - *"há algo de não-subjetivo"* (ob. cit., p. 86). Com efeito, parece que Kant foi buscar o seu principal argumento contra a absoluta não-objetividade precisamente no mais íntimo e indevassável reduto do subjetivismo: o gosto. Quantas vezes já não se ouviu (ou leu) a célebre e categórica evasiva de que *"gosto não se discute"* (*"De gustibus non disputandum est"*)? Para Kant, ao contrário, *"Empiricamente, o belo interessa apenas em sociedade... Um homem abandonado em uma ilha deserta não adornaria para si nem a sua choupana, nem a si próprio...; mas só em sociedade lhe ocorre ser não simplesmente homem, mas também um homem fino à sua maneira..."* (*"Empirisch interessiert das Schöne nur in der Gesellschsft... Für sich allein würde ein verlassener Mensch auf einer wüsten Insel weder seine Hütte, noch sich selbst ausputzen...; sondern nur in Gesellschaft kommt es ihm ein, nicht bloss Mensch, sondern auch nach seiner Art ein feiner Mensch zu sein..."*; in *Kritik der Urteilskraft*. Werkausgabe, Frankfurt am Main: Suhrkamp Verlag, 1974, § 41, [B 163 l A 161], p. 229). Em outras palavras, o egoísmo e o subjetivismo absolutos acabam por se desmentir justamente lá onde se supunha fossem mais impenitentes e irredutíveis: na esfera do gosto (Arendt, Hannah, in ob. cit., p. 86). É com base nessas lúcidas intuições que, para Hannah Arendt, - em uma lógica que também há de ser estendida à hermenêutica, - *"o elemento não-subjetivo* [do juízo estético] *é* [, exatamente,] *a intersubjetividade"* (ob. cit., p. 86).

[66] Com lógica e destino convergentes, tanto os jogos lingüísticos, quanto o seu correlato trabalho hermenêutico, ambos só se desenvolvem a partir do espaço público decorrente de uma forma de vida institucionalizada. É próprio da linguagem e da hermenêutica andarem amalgamadas à ordem social. Como ser linguageiro, o intérprete *"erlebt, denkt und handelt stets in*

einer Sphäre von Gemeinsankeit, und nur in einer solchen versteht er" (*"vive, pensa e atua sempre em uma esfera comunitária e apenas nela compreende"*; Dilthey, in ob. cit., vol. VII, p. 146). Tal conclusão avessa ao individualismo na exegese já acompanha a filosofia hermenêutica desde o século passado. Todavia, do outro lado do canal da Mancha, o grande responsável, na filosofia da linguagem, pela destruição do atomismo lógico foi, sem dúvida, o Wittgenstein da maturidade. Enfrentando uma tradição que remonta a Descartes, Locke, Kant, Russel e até ao próprio Wittgenstein da primeira fase, o giro pragmático do Wittgenstein II decretou o fim - neste ponto com toda razão - da quimera de uma linguagem privada. Nos §§ 243 a 315 das *Investigações Filosóficas* - embora já nos §§ 199 e 202 o argumento estivesse consistente e nítido - Wittgenstein mostra que, sendo a linguagem um jogo coordenado por regras (*"rule"="customs"*[*"uses, institutions"*]; vide *Philosophical Investigations*. Tradução de G.E.M. Anscombe, Great Books of the Western World, Chicago: Encyclopaedia Britannica, 1990, vol 55, § 199, p. 360), nenhuma linguagem privada se poderia articular sem a necessária mediação da linguagem natural ou pública. Para não cair em um fantástico mundo de sonho ininteligível sequer pelo lingüista privado, mesmo o esforço para construir um código de signos presumidamente familiar a apenas um indivíduo também este exige que sejam estabelecidas regras ou padrões de correção, o que, de novo e sempre, transforma o privado em público. É preciso ter presente que *"'obeying a rule' is a practice. And to think one is obeying a rule is not to obey a rule. Hence it is not possible to obey a rule 'privately': otherwise thinking one was obeying a rule would be the same thing as obeying it"* (*"'seguir a regra' é uma praxis. E acreditar seguir a regra não é seguir a regra. E daí não podermos seguir a regra 'privadamente'; porque, senão, acreditar seguir a regra seria o mesmo que seguir a regra"*; in ob. cit., § 202, p. 360). Dizer, em um diálogo íntimo, do *eu* para o *eu*, que *S* significa um determinado sentimento não desterra ou expatria o lingüista privado da linguagem pública, uma vez que ele não poderia explicar a si mesmo como isso foi feito e como deverá ser repetido no futuro sem apelar para as normas transitivas da linguagem natural. *"What reason have we for calling 'S' the sign for a sensation? For 'sensation' is a word of our common language, not of one intelligible to me alone. So the use of this word stands in need of a justification wich everybody understands. - And it would not help either to say that it need not be a sensation; that when he writes 'S', he has something - and that is all that can be said. 'Has' and 'something' also belong to our common language. - So in the end ... one gets to the point where one would like just to emit an inarticulate sound."* (*"Que razão tenho para chamar 'S' o signo referente a uma sensação? 'Sensação' é, na verdade, uma palavra da nossa linguagem comum e não uma palavra inteligível apenas por mim. O uso dessa palavra exige, pois, uma justificação que todos compreendem. - E também não ajudaria nada dizer que não precisaria ser uma sensação; que quando ele escreve 'S', ele tem 'algo' - e que isso é tudo o que poderia dizer. Mas 'ter' e 'algo' pertencem também à linguagem comum. - Assim, ..., chega-se, por fim, lá onde desejaríamos apenas proferir um som inarticulado."*; in ob. cit., § 261, pp. 366-367). Em outras palavras, inclusive em uma espécie de constituinte originária e unipessoal da linguagem, o lingüista privatizado necessita da mediação da linguagem pública para revelar a si mesmo a lógica e os padrões de sua suposta língua solipsista. Como se vê, *"die Idee der privaten*

46   *Alexandre Pasqualini*

hermenêutica solipsista. Com total confluência, o paradoxo de uma linguagem solitária faz binômio com a ruína dos atos interpretativos unidimensionais. Simplesmente não há direitos personalíssimos nessas duas áreas. Todos os discursos já vêm ao mundo socializados. Insistir na propriedade privada sobre a linguagem é apenas uma das tantas maneiras artificiais de, mais uma vez, ressuscitar a ilusão objetivista e, por conseguinte, de roubar dos bens públicos de uso comum a propriedade social intrínseca a qualquer proferimento hermenêutico. Eis a técnica mais comum e conveniente para reimplantar uma teoria hermenêutica afeita às exigências anacrônicas e exclusivistas da *intentio auctoris*. Todavia, não se deve perder o foco de que nenhuma leitura

---

Sprache ist vernichtet. Die einzige Sprache, über die es Sinn hat zu reden, ist die intersubjektive, öffentliche Sprache" (*"A idéia de uma linguagem privada está destruída. A única linguagem a respeito da qual tem sentido falar é a linguagem intersubjetiva, pública"*; Wolfgang Stegmüller in *Hauptströmungen der Gegenwartsphilosophie.* Stuttgart: Alfred Kröner Verlag, 1978, p. 663). A tentativa de se referir a algo que tão-somente o falante pode saber contradiz os princípios gerais do uso significante das expressões lingüísticas (vide Ernst Tugendhat in *Selbstbewusstsein und Selbstbestimmung.* Frankfurt am Main: Suhrkamp Verlag, 1979, p. 98). Em síntese, uma linguagem privada é como uma idéia sem conteúdo, um pensamento sem objeto. A verdade é que, antes de pertencer a alguém, a linguagem co-pertence a todos.

Entre as várias conseqüências que derivam dessa conclusão, uma das mais ricas é a de que as pessoas aprendem os múltiplos conceitos de sentimento ou de sensação não exclusivamente consigo mesmas, em uma ilusória e voluntarista experiência isolada, mas, sim, pelo exercício contínuo da linguagem que - como cuidou de enfatizar o Wittgenstein II - apenas se põe disponível, em todas as circunstâncias, como um jogo pragmático, público e comunitário, cuja lógica formal e material somente se aprende jogando. O sistema lingüístico - e, por extensão, o sistema jurídico - revela-se móvel e aberto, porém só se deixa transformar a partir da interna e infindável dialética do seu próprio jogo semântico e, por que não dizê-lo, hermenêutico-axiológico. (Para que não haja mal-entendido, esclareço, desde logo, que a semântica não deixa de ser uma espécie de axiologia da linguagem. Em uma análise comparativa até certo ponto forçada, contudo muito elucidativa, aquilo que os valores representam para o Direito e para a Ética, os sentidos representam para a linguagem e para a comunicação. Assim como não há sistema jurídico sem valores, não há linguagem sem significados a serem comunicados. Ademais, por detrás de cada dúvida semântica, quase sempre - para não dizer sempre - agita-se um disputa axiológica).

HERMENÊUTICA E SISTEMA JURÍDICO

nasce, perece, tem um momento, um lugar e, mais importante, um sentido, sem se inscrever no perímetro de uma potencial comunidade de interpretação. A mesma consciência intersubjetiva que sustenta os sistemas lingüísticos igualmente ampara a experiência hermenêutico-discursiva. Se até a baixa retórica dos sofismas vive de pilhar a anuência dos interlocutores, então, em princípio, pode-se concluir que inexiste discurso interpretativo que, em última *ratio*, não tenha por meta implícita passar uma certa visão de mundo apta a ser acolhida pelos circunstantes. A análise lógico-lingüístico-hermenêutica conduz à descoberta de uma verdadeira anterioridade, isto é, de uma autêntica causalidade motora implícita ao discurso, funcionando como um pressuposto sem o qual o interpretar e, mais do que isso, o interpretar do interpretar, não fazem nenhum sentido: a intersubjetiva pretensão de validade. De modo tácito, quem interpreta necessariamente pressupõe verdades em sua exegese capazes de receber a honesta aceitação de outros leitores. Ninguém argumenta sem, desde logo, em cada hipótese ou situação hermenêutica, assumir o jogo comunicativo de dar razões e fundamentos. É impossível interpretar sem, de imediato, esgrimir com uma determinada pretensão de veracidade ou validade. Não importa que a franqueza desse inevitável pressuposto lógico venha ou possa ser contestada em uma concreta disputa hermenêutica, revelando-se, assim, contrafactual. O que se deve perceber é que, sem ele, ninguém pode ingressar no espaço público das argumentações e, por conseqüência, das exegeses. As subentendidas pretensões de validade são, do ponto de vista concreto, o preço performático que se paga para argumentar ou interpretar. Para os que ainda prezam a racionalidade, não há, pois, outra alternativa ao diálogo, senão condenar-se - com o objetivo de escapar da auto-contradição - ao silêncio impassível e nada consolador das plantas.[67] É por isso que todas as semioses já sempre se escoram na pressuposta alteridade entre os intérpretes, com o fim de obter um entendimento mínimo e consensual acerca das possíveis e mais adequadas interpretações de um fato, de um texto ou de um sistema jurídico. Lembrando Pierce, nem a reflexão solitária se isenta do diálogo crítico do intérprete com a comunidade científica:

> *"Le réel, alors, est ce à quoi aboutiraient finalement, tôt ou tard, l'information et le raisonnement, et qui est donc indépendant de nos fantaisies à vous ou à moi. Ainsi, la origine même de notre conception de la réalité montre que cette conception enveloppe de manière essentielle la notion d'une communauté, sans limites définies, et capable d'accroître son savoir de façon significative. Et ainsi ces deux séries de connaissances - réeles et non-réelles - sont formées de ces connaissances que la communauté, à une époque suffisamment éloignée, continuera à réaffirmer, et de celles qui, sans les mêmes conditions, seront toujours rejetées".*[68]

Como se vê, "não há cavalo de tróia" contra a busca prudencial e comunicativa do melhor.[69] Talvez, aqui, -

---

[67] Revisitando Aristóteles, parece que, para fugir à natural pretensão de verdade ou validade, o intérprete tem de deixar de ser intérprete, fazendo-se semelhante às plantas *("...ómoios gár phyto..." / "Similis enim plantae..."*; in *Metaphysica.*, Edição trilíngüe de Valentín García Yebra, Madrid: Editorial Gredos, 1982, 1006, a,15, p.170).

[68] in ob. cit., p. 226. Pierce jamais deixou de destacar que mesmo a *"Solitary dialectic is still of the nature of dialogue"* (in *Collected Papers*. Cambridge: Harvard University Press, 1934-1948, 5-546).

[69] No que concerne à busca da *melhor interpretação*, para se evitarem leituras apressadas, cumpre esclarecer que o vocábulo *melhor*, aqui utilizado, nem de longe se confunde, tampouco se identifica, com a idéia totalmente anacrônica de uma única interpretação correta. Diante do caso concreto, a procura prudencial e comunicativa da melhor interpretação jamais quer dizer que o intérprete se tenha lançado ao encalço da única, exclusiva e excludente possibilidade de interpretação. Enquanto a *única* ab-roga o múltiplo, a *melhor* pressupõe a variedade e, portanto, a escolha. Em outros termos, a busca da melhor interpretação conserva-se ligada ao insuprimível princípio da pluriinterpretabilidade do sistema. Como pondera Ernst Tugendhat, a palavra *melhor* é usada para expressar uma preferência, e preferir significa decidir-

justamente aqui - as dúvidas se deparem com o indubitável: toda interpretação consciente é guiada por motivos e, mais ainda, por escolhas, razão pela qual se faz acompanhar, desde sempre, pelo som interior e pelo eco implícito da palavra *melhor*. (Quem, em face das cláusulas pétreas, opta pela exegese "a" em detrimento das leituras "b", "c", "d" e "e", de imediato assume, ainda quando de forma involuntária, a perspectiva de que a interpretação "a" é, salvo mais adequado juízo, melhor do que as demais). Como no geral das *"perguntas práticas"*,[70] qualquer escolha entre várias possíveis exegeses se revela uma pergunta *"acerca do bom, do melhor, do ótimo"*.[71] A procura da melhor interpretação é, por assim dizer, a verdade da hermenêutica, uma verdade que se não pode ser demonstrada (*apodéixai; demonstrare*) por ela mesma - eis que *"seria pressupor a própria coisa que queremos justificar"*[72] - pode sê-lo à maneira indireta, usando lógica semelhante à empregada por Aristóteles para defender a universalidade do princípio de não-contradição.[73] No caso da hermenêutica, embora também não haja *"um ponto de partida absoluto fora da razão"*[74] apto

---

se, em uma pluralidade de possibilidades, por uma das alternativas, escolhendo-a (*"...das Wort besser wird gebraucht, um einen Vorzug zum Ausdruck zu bringen, und vorziehen heisst: mit Bezug auf eine Mehrzahl von Möglichkeiten sich für eine entscheiden, sie wählen;..."*; in *Vorlesungen zur Einführung in die sprachanalytische Philosophie*. Frankfurt am Main: Suhrkamp Verlag, 1976, p. 113).

[70] Tugendhat, Ernst in ob. cit., p. 114: *"Praktische Frage..."*.

[71] Idem: in ob. cit., p. 114: *"...nach dem Gutem, dem Besseren, dem Besten"*.

[72] Idem: in ob. cit., p. 119: *"...; da würden wir das, was wir begründen wollen, voraussetzen"*.

[73] Idem: in ob. cit., p. 119. Como já foi visto na nota nº 22, Aristóteles propõe uma fundamentação indireta ou, como ele próprio qualifica, uma *"demonstração por refutação"* (*"apodéixai elenktixós"*; *"demonstrare elenchice"*) (in ob. cit., 1006, a, 12-13, p. 169). Como se afigura impossível uma demonstração absoluta de todas as coisas, já que se procederia ao infinito sem jamais encontrar uma demonstração definitiva (1006, a, 5-10, p. 169), Aristóteles percebe que se poderia esgrimir com uma *"apodéixai elenktixós"*, uma vez que basta que alguém fale para, desde logo, pressupor o princípio de não-contradição.

[74] Tugendhat, Ernst in ob. cit., p. 120: *"...keinen absoluten Aufhänger ausserhalb der Vernunft..."*.

a justificá-la, a busca comunicativa pelo melhor sempre se anexa, como um pressuposto, ao 'porquê' justificador de toda e qualquer exegese, impedindo, dessa forma, que o trabalho dos intérpretes sucumba ao 'vale-tudo' ou ao 'tudo-ou-nada' autocontraditórios das concepções cético-dogmáticas. O que precisa ficar muito claro é que, apesar das aparências, não há espaço lógico e congruente, tanto para uma teoria hermenêutica cética quanto para uma teoria hermenêutica dogmática, pelo simples e elementar motivo de que, nesses dois casos, já não haveria mais hermenêutica. Quando o intérprete, deliberadamente, abandona a procura pelo melhor, abandona, na verdade, a própria tarefa alicerçadora da fala hermenêutica, condenando-se, *tertium non datur*, ou à autocontradição ou ao silêncio infinito.

Fim da tragédia. Chova ou faça sol, é impossível deixar de reconhecer que a linearização aplainada dos significados sabota as bases lógicas da hermenêutica. Retomando o fôlego após o susto desconstrutivo, pode-se dizer, agora, que a procura das melhores exegeses - mesmo quando contrafactual no sentido de Apel e Habermas - impõe-se, portanto, como meta fiadora e inarredável da hermenêutica. Uma vez liberada desse propósito ou lei reguladora, o empreendimento interpretativo decretaria a sua completa e embotante futilidade. As águas mais límpidas da hermenêutica correm, sem dúvida, da nascente pragmática e axiológica das melhores decisões. Acima de tudo, interpretar é valorar. Se quem interpreta, ao mesmo tempo, aplica (Gadamer)[75] e hierarquiza (Juarez Freitas),[76] então o jogo da exegese representa, mais do que qualquer outra coisa, perseguir o melhor. Eis aí a verdadeira condição de possibilidade de todo agir hermenêutico. A hierarquiza-

---

[75] Vide a nota nº 24.

[76] Vide Juarez Freitas, in *A Interpretação Sistemática do Direito*. São Paulo: Malheiros Editores, 1995, p. 143.

ção (=busca universalizável das melhores leituras) constitui aquilo que, dentro da exegese, como marco e meta, culmina por viabilizá-la. Toda a interpretação pressupõe uma escolha, e qualquer escolha, uma implícita e insuprimível escala axiológica. Aqui, a negação transforma-se, contra a vontade, em afirmação. Queiram ou não, os intérpretes já sempre se colocam a si mesmos e às suas leituras na balança ética e hierarquizadora dos valores. É por isso que as hierarquizações estão, dia após dia, quebrando-se sem, no entanto, que o próprio imperativo de hierarquização seja abalado. Para se desfazerem velhas hierarquizações, novas são necessárias. Afinal, a hierarquização axiológica, superando preferências ou desejos não-universalizáveis, é o ser verticalizador do sempre finalístico dever-ser jurídico.

2.3. Da hermenêutica espiraliforme

Além disso, não se há de perder de vista que o círculo hermenêutico não é, de mais a mais, um círculo "*da capo*", já que o trabalho da exegese nunca volta ou recomeça do seu ponto de partida original e anterior. Não há um eterno retorno ou reenvio ao plano primitivo. A interminável roda das interpretações gira sobre o eixo da unidade sistemático-axiológica, içando o ordenamento, a cada exegese, a um patamar mais alto e abrangente. O círculo jamais se fecha. É uma espécie de redemoinho que está eternamente subindo e alargando a harmônica triformidade entre o sistema, a comunidade dos juristas e o horizonte da tradição. Em uma metáfora geométrica, a lógica jurídica ostenta, com nitidez, um perfil espiralado.

Como a trama que escapa do tear determinístico, o Direito, impulsionado pelo intérprete, amplia-se desde os seus fundamentos axiológicos, fazendo da elasticidade a sua maior resistência. Ao primeiro olhar, o novo se afigura assistemático, mas tal assistematicidade manifesta, também, um modo de ser do sistema em sua abertura. Até naquilo em que a rede jurídica supera a si mesma, há o momento da pertença, de modo que, no seu íntimo, interagem, em *coincidentia oppositorum*, a liberdade e a vinculatividade, a infinidade e a verticalidade, a possibilidade do múltiplo e a necessidade do melhor e mais sistemático. É por isso que o destino e a segurança desse lídimo *logos* hermenêutico dependem da natural convergência entre as noções de abertura e de sistema. Numa perspectiva mais profunda e realista, o Direito abre para sistematizar e sistematiza para abrir. Tudo se passa como se a ordem jurídica, em cada instância e instante, prendesse e liberasse o intérprete: a tarefa do sistema é impedir que a abertura se transforme num vórtice de indeterminação e a da abertura, por sua vez, obstar que o sistema se converta num buraco negro autofágico. Liberdade e necessidade: nesse entremeio de protensão e retenção encontra-se o verdadeiro lugar da *ars interpretandi* e, por conseguinte, o melhor domicílio para o legislador, o juiz e o administrador público. Onde a malha normativa os libera ("discricionariedade"), o catálogo principiológico os vigia ("discricionariedade vinculada"), pois quando a lei se ausenta, o Direito se faz presente, tornando palpável que quanto mais empalidecem o objetivismo formalista e o subjetivismo desconstrutivista, tanto mais se destaca o reconhecimento da apontada e originária imbricação entre sistema e abertura.

2.4. Das conclusões preliminares

Assim, a partir desse círculo hermenêutico que enlaça sujeito (comunidade de intérpretes) e objeto (sistema jurídico), chega-se a algumas conclusões preliminares de cuja seiva se alimentarão, agora em um plano mais concreto, os capítulos ulteriores:

I. De fato, a hermenêutica tem o dom da ubiqüidade. Mediador de todas as mediações, o jogo lingüístico e dialógico da exegese já sempre precedeu o indivíduo na compreensão de si mesmo e da vida. Não há interpretação que não se estribe em uma experiência, e nenhuma experiência que não tenha por antecedente o legado hermenêutico da pré-compreensão. Moral da história, a hermenêutica é a realidade da realidade.

II. Quem faz o sistema sistematizar e o significado significar são os intérpretes, razão pela qual interpretar é, também e principalmente, interpretar-se.[77]

III. Na medida em que o Direito e a Hermenêutica se apresentam cognitivamente indissociáveis, não há como descrever o trabalho da interpretação sem, *uno actu*, co-descrever a estrutura do sistema jurídico. Eis por que - antecipando ponto a ser desenvolvido - a Jurisprudência, queiram ou não, integra, por motivos lógicos e, sobretudo, epistemológicos, o rol das fontes do Direito. O sistema jurídico, em última análise, não é apenas a totalidade das normas, dos princípios e dos valores, mas, acima de tudo, a totalidade hermenêutica do que tais normas, princípios e valores, como conexões de sentido, podem significar.

IV. As possibilidades de interpretação se mostram infinitas, porém, acima de qualquer dúvida, conservam a justa reserva para com o arbitrário e a irracionalidade. A hermenêutica assemelha-se a uma cordilheira, e não a uma planície: sempre haverá boas ou más exegeses. Se assim não fosse, além de impensável e inútil, ela seria como que uma folha de parreira escondendo a incontrolável libido de um ceticismo ou de um dogmatismo

---

[77] Com igual sentido, Gadamer afirma que *"...alles solche Verstehen am Ende ein Sichverstehen ist"* (*"...todo compreender é, no final, um compreender-se"*).

dissimulados, para os quais parecer não sê-lo configura, talvez, uma simples questão de estratégia. A hermenêutica acha-se, pois, em dupla oposição, por um lado, ao ceticismo e, por outro, ao dogmatismo. A sua resposta é uma só: a busca da melhor exegese. O trabalho de interpretação não se compadece com nenhum destes dois extremos. Para além do *"completo indiferentismo - a mãe, em todas as ciências, do caos e da noite"*,[78] ao intérprete não lhe são logicamente franqueadas, portanto, tais posições autocontraditórias, haja vista que ambas, de uma forma ou de outra, negam exatamente o que pressupõem.

V. A hierarquização axiológica constitui-se, ao que tudo leva a crer, na mais autêntica condição de possibilidade do agir hermenêutico. Toda leitura realiza opções e qualquer opção uma inevitável e verticalizadora hierarquização axiológica. Como remarcou precursoramente Juarez Freitas, *"interpretar é hierarquizar"*.[79]

VI. A busca das melhores exegeses (=hierarquização axiológica) se revela espiraliforme. Fazendo rotações em torno do seu núcleo principiológico, o sistema, a cada leitura ou releitura, expande-se a partir de si mesmo. Lembrando Gadamer, *"o juiz não aplica a lei apenas in concreto, mas colabora, ele mesmo, através da sua sentença, no desenvolvimento do direito..."*.[80]

VII. A ronda infindável das interpretações - no centro das quais orbitam a sociedade, o legislador, o juiz e o administrador público - rejeita os extremos absolutos

---

[78] Kant, Immanuel in *Kritik der reinen Vernunft*. Werkausgabe, Frankfurt am Main: Suhrkamp Verlag, 1974, vol. I, (A, X), p. 12: *"...gänzlicher Indifferentism, die Mutter des Chaos und der Nacht, in Wissenschaften..."*.

[79] Freitas, Juarez, in ob. cit., p. 143.

[80] in ob. cit., vol. I, p. 44: *"Der Richter wendet nicht nur das Gesetz in concreto an, sondern trägt durch seinen Richtspruch selber zur Entfaltung des Rechtes bei..."*. Em outras palavras, *"interpretar é aperfeiçoar"* (Juarez Freitas, in ob. cit., p. 144).

da liberdade indomável (subjetivismo) e da necessidade invencível (objetivismo). O sistema jurídico não é tanto, nem tão pouco. Em uma espécie de justo-meio aristotélico, a abertura da discrição e a clausura da vinculação revelam-se e relativizam uma na outra, de tal sorte que, do aparente caos da abertura, emerge a necessidade da pertença e, do suposto claustro da vinculação, desponta a liberdade da autonomia. A hermenêutica jurídica somente consegue ver-se a si mesma a partir destes dois ângulos indissociáveis: o da vinculação e o da discricionariedade. Apenas desse modo obtém um campo focal completo e harmonioso. É também por isso, dentre muitas circunstâncias, que não pode haver sistema sem correlata abertura. Para deixar bem claro: somente a elasticidade produz verdadeira resistência.

3. Da formulação do conceito de sistema jurídico[81]

Em certa oportunidade, Mallarmé, defensor de *l'art pour l'art*, sustentou frente a Degas que a literatura era feita de palavras, e não de idéias.[82] Algum tempo depois, igual equívoco cometeram os positivistas com relação ao Direito, quando o definiram, de maneira simplista, como uma rede hierarquizada e formal de normas, cuja estrutura autônoma e fechada o imunizaria de qualquer contágio axiológico espúrio. Decididamente, os positivistas de todas as estirpes nunca sentiram qualquer atração pelos valores nem confirmaram interesse sincero pelos fins. As categorias aristotélicas de causa material e causa final - mesmo exorcizada sua matriz metafísica - jamais seduziram esse modelo de intelectualismo treinado na arte insípida de substituir a realidade por conceitos abstratos. Direito enquanto forma, e não conteúdo - tal é a essência dessa visão obcecada por desvendar a neutra gramática das normas. Mais estruturalista do que os próprios estruturalistas,[83] a progênie dos Kelsenianos

---

[81] Este capítulo procura minudenciar as principais idéias constantes em *A Interpretação Sistemática do Direito*. São Paulo: Malheiros Editores, 1998, pp. 25-50, de Juarez Freitas.

[82] Vide Paul Valéry in *Pièces sur L'Art*. Oeuvres, Paris: Gallimard, Bibliothèque de la Pléiade, 1960, vol II, p. 1208: "*Et Mallarmé, avec sa douce profondeur: 'Mais, Degas, ce n'est point avec des idées que l'on fait des vers ... C'est avec des mots'*".

[83] É sempre oportuno frisar que, para um dos principais estruturalistas como Lévi-Strauss, a estrutura não se definia por oposição, nem de forma estranha à realidade social: "*...,mas a estrutura não tem conteúdo distinto - ela é o próprio*

encobre a fobia axiológica de seu formalismo com os falsos ou distorcidos méritos de uma cientificidade distante da experiência humana do mundo. Sem perceber que, na esfera jurídica, a linha mais reta nem sempre se confunde com a linha lógica, o positivismo conformou-se, inspirado na cega eficiência de um computador, com uma vazia e impossível função analítica. Esse foi o efeito da tentativa de expulsar do saber científico a influência dos valores, negligenciando o fato de que, se o Direito apresenta uma trajetória móvel, é, exatamente, porque o seu itinerário se compõe de valores ético-jurídicos. O preço histórico dessa concepção - apesar de não corresponder por inteiro à meta de Kelsen,[84] cujo ânimo era, sob vários aspectos, desnudar a dança das ideologias - parece ter sido, como se sabe, pior que pior: quando o positivismo plugou a voltagem do seu formalismo à pia imparcialidade da ciência referencial-descritiva, ofereceu, como resultado, um poderoso artefato relativista destruidor das preocupações tanto morais quanto materiais. Reduzido à sua expressão mais simples, o Direito dos positivistas tornou-se, então, uma arte sem conteúdo, um objeto lógico (ou dever-ser) completamente vazio.[85]

---

conteúdo, *apreendido numa organização lógica concebida como propriedade do real"* (in *Antropologia Estrutural*. Tradução de Chaim Samuel Katz e Eginardo Pires, Rio de Janeiro: Tempo Brasileiro, 1967, p. 101).

[84] Vide Juarez Freitas, in *A Interpretação Sistemática do Direito*. São Paulo: Malheiros Editores, 1995, nota nº 15, pp. 29-33.

[85] Como se sabe, Aristóteles criticou a visão pitagórica de acordo com a qual as harmonias matemáticas seriam reveladoras da estrutura mais íntima da realidade. Com um ponto de vista um pouco diverso, Aristóteles chamou a atenção para a circunstância de que essas harmonias matemáticas apenas auxiliariam a ciência quando e somente quando corroboradas por dados empíricos bem comprovados. Numa frase, quer dizer que, para o velho Aristóteles, as matemáticas até poderiam contribuir no trabalho de interpretação da realidade, mas jamais poderiam se constituir nos elementos conformadores por excelência da natureza. Ora, idêntico raciocínio, enriquecendo pela tradição hermenêutico-pragmática, vale, talvez, para a relação entre Direito e Lógica. A Lógica pode colaborar na tarefa interpretativa de trazer o sistema à vida, mas nunca atuará como força constituinte do fenômeno jurídico. Em outros termos, *a Lógica não produz o Direito, embora ajude a compreendê-lo mais e melhor*.

Para o formalismo Kelseniano - tendo ao seu lado, no campo da sociologia, Max Weber[86] -, o que havia de inaceitável nas teorias jusnaturalistas predecessoras era a teimosia acrítica e reiterada com que manuseavam o nobre florete da justiça sem perceber a sua dogmática e oblíqua aderência às predileções ideológicas. Kelsen não negava a concreta pressão exercida pelos valores sobre o discernimento dos intérpretes. Contudo, denunciava, com muita veemência, a arbitrariedade dos que, sem maiores cuidados metodológicos, pretendessem transformá-los, àqueles, no núcleo científico do discurso jurídico. Fiel à cartilha do racionalismo clássico, Kelsen não imaginava viável nenhuma fundamentação conseqüente das opções axiológicas, reduzindo todo o saber

---

[86] O pensamento de Max Weber se explica e esclarece, em larga medida, pelo duríssimo debate travado com os marxistas. A distinção weberiana entre a ética da convicção (*Gesinnungsethik*) e a ética da responsabilidade (*Verantwortungsethik*) lhe serviu, ao mesmo tempo, como instrumento de crítica política e científica ao marxismo. Na esfera da política, auxiliou a contestação das práticas revolucionárias, que santificavam os meios em homenagem aos fins. Na dimensão da ciência, ajudou a condenar a não-separação entre *ser* e *dever-ser*, responsável pela correlata não-distinção entre análise científica e análise política. Mas o que se percebe é que, desde o início, a maior preocupação do pensamento weberiano reside, sem dúvida, em clamar por uma neutralidade axiológica e por uma objetividade conceitual capazes de demarcar, para sempre e com nitidez, os domínios, supostamente inconfundíveis, do discurso científico e do discurso político. "...*Weber insisted on the ethically neutral character of social science... . He denied to man any science, empirical or rational, any knowledge, scientific or philosophic, of the true value system: the value system does not exist; there is a variety of values which are of the same rank, whose demands conflict with one another, and whose conflict cannot be solved by human reason. Social science or social philosophy can do no more than clarify that conflict and all its implications; the solution has to be left to the free, non-rational decision of each individual*" (Leo Strauss, in *Natural Right and History*. Chicago & London: The University of Chicago Press, 1953, pp. 41-42). Embora não negasse a presença ineliminável dos juízos de valor quando da delimitação da realidade sociológica a ser estudada, Weber, ao exemplo de Kelsen, ambicionava uma ciência fiel ao princípio da neutralidade valorativa (*Wertfreiheit der Wissenschaften*). Enquanto os marxistas, devotos da ética da convicção, amalgamavam ciência e política, Weber, protagonista da ética da responsabilidade, postulava, partindo da kantiana separação entre razão teórica e razão prática - outra semelhança com Kelsen -, o rigoroso discrime entre esses dois campos de atividade. Todavia, ao contrário de Kant, Weber não reconhecia a existência de qualquer princípio ou

máxima (imperativo-categórico) apto a guiar os indivíduos nas suas opções axiológicas. Em confluência, de novo, com Kelsen, Weber ficava com a razão teórica, mas se desfazia, sem pudor, da razão prática de Kant. Encaixando-se na tradição positivista, o mundo weberiano é, portanto, o mundo secularizado e profano do *"politeísmo dos valores"*, onde, de forma trágica, inexiste critério para orientar a escolha, seja de um Deus, seja de um demônio. Com efeito, a razão prática, em Weber, transformou-se, como em Kelsen, em desrazão prática. Partindo daquele desencantamento dramatizado por Nietzsche através da experiência niilista da perda de sentido, Weber localiza, no politeísmo dos valores, o signo que elucida a fragmentação da sociedade moderna. Da mesma forma que os gregos, em seu próprio politeísmo, cultuavam ora Afrodite, ora Apolo, também hoje, sustenta Weber, os modernos, num novo politeísmo onde prepondera o *"destino"* (*"Schicksal"*), e o *"não a ciência"* (*"keine Wissenschaft"*), oferecem cegos sacrifícios aos atuais sistemas sociais funcionalmente diferenciados e antagônicos, motivo por que a racionalidade parece ter perdido - pelo menos para Weber - a sua unidade de outrora. Para o autor de *Wissenschaft als Beruf*, as estruturas da consciência moderna pós-tradicional fizeram desmoronar a antiga comunhão da verdade e do justo, realizadas pelos métodos de legitimação religiosos e/ou metafísicos. Assim, o pessimismo weberiano só enxerga e encontra *"fundamentos mecânicos"* (*"mechanischer Grundlage"*) na hodierna sociedade capitalista, fator pelo qual o Direito, também ele, sofre um processo de racionalização em que a positividade, a legalidade e o formalismo tornam-se as características marcantes de um sistema jurídico cuja validade, agora apenas hipotética, já não se nutre das fontes de justificação das tradições éticas, contentando-se com a equiparação positivista entre legalidade e legitimidade. Como bem anota e pondera Habermas - apoiando-se em Schulchter - já na descrição do processo evolutivo do Direito (Direito revelado - Direito tradicional - Direito moderno), Weber apresenta um arco histórico, que inicia com um *"formalismo do tipo mágico"* (*"magish bedingten Formalismus"*) e termina, pateticamente, com um *"formalismo lógico"* (*"logischen Formalismus"*) (in *Theorie des Kommunikativen Handelns*. Frankfurt am Main: Suhrkamp Verlag, 1987, vol. I, p. 350), *"cuja legalidade baseia-se em um Direito de estrutura puramente decisionista"* (*"deren legalität auf ein rein dezisionistisch gefasstes Recht gestützt ist"*), ou seja, *"um direito que, por princípio, desvaloriza todas as formas de fundamentação"* (*"ein Recht, welches Begründung im Prinzip entwertet"*), preferindo, como depois assoalharam os formalistas desde Kelsen e Carl Schmitt até Luhmann, uma legitimação meramente procedimental (in ob. cit., vol. I, p. 358). Com efeito, optando pelo método de racionalização formal em detrimento do método material, este último para ele comprometedor da coerência cognitiva do Direito, Weber entende que *"a forma de legitimidade hoje mais corrente é a fé na legalidade, a submissão às normas que foram estatuídas de modo formalmente correto e pela via ordinária"* (*"Die heute geläufigste Legitimitätsform is der Legalitätsglaube, die Fügsamkeit gegenüber formal korrekt und der üblichen Form zustande gekommenen Satzungen"*; in *Soziologischen Grundbegriffen*. Gesammelte Aufsätze zur Wissenschaftslehre, Tübingen: J.C.B. Mohr (Paul Siebeck), 1985, p. 317). Em outras palavras, a resposta weberiana à questão da legitimidade dos sistemas jurídicos é sempre o círculo vicioso e decisionista da *"...observância às regras procedimentais estatuídas para a criação, interpretação e aplicação do Direito"*

60   *Alexandre Pasqualini*

jurídico à análise da coerência e do rigor lógicos. Ao acolher, de forma explícita, a famosa *Lei de Hume*, Kelsen promove o corte epistêmico entre ser (fatos) e dever-ser (valores), ou seja, entre conhecimento (descrições) e ação (prescrições). Realmente, a *Teoria Pura do Direito*, fruto, em boa medida, do rígido dilema vienense entre ciência e não-sentido, foi, ao que tudo indica, menos uma homenagem à *Crítica da Razão Prática* e mais uma adesão incondicional aos postulados imediatos da *Crítica da Razão Pura* de Kant.

Como se sabe, o filósofo de Königsberg, procurando impedir o uso dogmático da racionalidade, já promovera a clivagem entre ciência, moral e arte, quando, em contraste com o pensamento metafísico, separou razão teórica, razão prática e faculdade de julgar, atribuindo-lhes jurisdições e domínios até certo ponto autônomos e apenas formalmente unidos. Mas o que, em Kant, tratava-se mais de uma distinção topológica, deveio, em Kelsen e em Weber, um rígido atrito lógico entre razão e desrazão. Assim, a partir dessa nova ótica, Kelsen retoma e repotencia a separação kantiana entre razão teórica e razão prática para, com tal divisor de águas, promover, no contexto jurídico, uma implícita e indireta distinção entre aplicadores e cientistas do Direito. Aos cientistas cumpriria, de modo descritivo e neutro, revelar as muitas possibilidades de exegese do sistema. Já

("...*Einhaltung von Verfahrensvorschriften in Rechtsprechung, Rechtsanwendung und Rechtsetzung*"; Jürgen Habermas in ob. cit., vol. I, pp. 358-359). (De Max Weber, vide, ainda e sobretudo, *Die Objektivität sozialwissenschaftlicher Erkenntnis*, in Gesammelte Aufsätze zur Wissenschaftslehre, Tübingen: J.C.B.Mohr (Paul Siebeck), 1985, pp. 146-214; *Der Sinn der Wertfreiheit der soziologischen und ökonomischen Wissenschaften*. in Gesammelte Aufsätze zur Wissenschaftslehre, Tübingen: J.C.B.Mohr (Paul Siebeck), 1985, pp. 489-540; *Wissenschaft als Beruf*. in Gesammelte Aufsätze zur Wissenschaftslehre, Tübingen J.C.B.Mohr (Paul Siebeck), 1985, pp. 582-613; *Politik als Beruf*. in Gesammelte Aufsätze zur Wissenschaftslehre, Tübingen: J.C.B.Mohr (Paul Siebeck), 1985, pp. 505-560).

aos aplicadores, em plano diverso, caberia a tarefa política de eleger - órfãos de critérios racionais - uma das "n" alternativas virtualmente aplicáveis ao caso concreto. Na melhor tradição do positivismo, os servidores da ciência retiram-se, estoicamente, da vida, dando as costas para o mundo dos sentidos e da matéria em favor do espírito analítico e da forma. Em outras palavras, Kelsen obstina-se em dissociar os encargos científico e político, já que, do ponto de vista vienense, o verdadeiro homem de ciência constata, mas não valora ou aplica. Por isso, a terapia kelseniana afigurou-se, sob vários aspectos, mais perigosa do que a suposta epidemia ideologizante com a qual terçava armas. Sob o olhar irônico dos niilistas e dos totalitários, o positivismo kelseniano, uma vez atingido o seu objetivo - a supremacia da razão teórica sobre a razão prática - viu o triunfo converter-se em derrota. No preciso momento em que afugenta, contra o jusnaturalismo ingênuo, a sombra difusa dos valores, tachando-os de irracionais, abandona, de forma conjunta e com precipitada indiferença, a possibilidade de crítica às decisões políticas e jurisdicionais, despindo-se de qualquer pretensão ou função orientadora com respeito aos comportamentos práticos. É por esse motivo que, antecipando-se a Luhmann, a democracia dos positivistas, como legado da cética desertificação da razão prática, passou a funcionar como se fora um mero e simples procedimento para tomada de decisões completamente dessacralizadas, secularizadas e, mais do que isso, destituídas de fundamentação racional. Nessa linha de pensamento, quando os positivistas e neopositivistas sustentam, sem mal-estar, não haver critério jurídico ou ético capaz de presidir, na linguagem de Weber, nem a escolha de um Deus, nem a escolha de um demônio, eles acabam por confirmar, ato contínuo, que já não são os argumentos que escoram as decisões, mas as decisões que se legitimam a si mesmas, legitimando os seus próprios argumentos.[87]

---

[87] O homem sistêmico de Luhmann se revela um ser parcial e parcializador, uma vez que somente consegue pensar o todo como fragmento, isto é, contemplando-o a partir de códigos recursivos, isolados e formais, sempre presos, autopoieticamente, às lógicas solipsistas da auto-referência e do fechamento operacional (*selbstreferentielle Geschlossenheit*). Nesse holismo fracionante - ou seja, um holismo sistêmico, mas não-sistemático - tudo o que lhe ultrapassa e tudo o que sobrepassa tal viés funcionalista constitui, para ele, um nada, um sem-sentido, um puro limbo entregue, sem apelação e ainda com mais voragem, ao cego e envolvente sorvo da contingência pós-moderna. Mais do que isso, o homem sistêmico, para quem *"o contraste entre verdade e ilusão perdeu o sentido"* (*"...die Differenz zwischen Wahrheit und Ilusion den Sinn verloren hat..."*; Jürgen Habermas in *Der philosophische Diskurs der Moderne*. Frankfurt am Main: Suhrkamp Verlag, 1988, p. 410), colocou todas as suas modestas esperanças em um decisionismo exclusivamente procedimental que, fundando-se no não-fundamento, reduz complexidade ao preço de amalgamar, à maneira de Weber, a legitimidade na legalidade (vide Niklas Luhmann in *Legitimation durch Verfahren*. Frankfurt am Main: Suhrkamp Verlag, 1983). Dito de outra forma, Luhmann, movendo-se *"da un modello superato anche nel processo civile"* (Josef Esser, in *Precomprensione e scelta del metodo nel processo di individuazione del diritto*. Tradução de Pietro Perlingieri, Napoli: Università di Camerino, 1983, p. 206), entroniza o simples procedimento como fonte de uma justiça e de uma legitimidade, por assim dizer, mais aquém do justo e do legítimo. Em vez de permitir que o relativismo, de modo discursivo e dialógico, resolva o próprio problema do relativismo, Luhmann prefere decretar que o relativismo não tem solução, nem limites, sendo, portanto, irremediável e congenial à pós-modernidade. Assim como Nietzsche, também Luhmann desertou do projeto iluminista de uma razão conciliadora e comunicativamente globalizável. Como pondera Habermas, *"sob o nome de racionalidade sistêmica, a razão liquidada como irracional assume precisamente esta função: ela é o conjunto das condições proporcionadoras da conservação do sistema. A razão funcionalista expressa-se no autodementi irônico de uma razão que se limita a reduzir complexidade"* (*"Unter dem Namen der Systemrationalität bekennt sich die als unvernünftig liquidierte Vernunft zu genau dieser Funktion: sie ist das Ensemble der Ermöglichungsbedingungen für Systemerhaltung. Die funktionalistische Vernunft spricht sich im ironischen Selbstdementi einer auf Komplexitätsreduktion geschrumpften Vernunft aus"*; in ob. cit., p. 431). Para Luhmann, a sociedade moderna tem como traços axiais a complexidade e a diferenciação funcional, motivo por que reduzir complexidade contitui a mais importante tarefa dos múltiplos sistemas. Além disso, como descrê de qualquer critério normativo discursivamente universalizável, o homem sistêmico, desde a perspectiva da mera observação intersistêmica, assiste, impotente, às intervenções sem intervenção entre os sistemas sociais. Luhmann põe em realce que *"todo sistema auto-referente só tem contato com o meio circundante que ele próprio proporciona, não tendo qualquer meio circundante em si"* (*"Jedes selbstreferentielle System hat nur den Umweltkontakt, den es sich selbst ermöglich, und keine Umwelt an sich"*;

HERMENÊUTICA E SISTEMA JURÍDICO   **63**

in Soziale System. Grundriss einer allgemeinen Theorie. Frankfurt am Main: Suhrkamp Verlag, 1984, p. 146). Tudo se passa como se todas as relações sistêmicas, sejam internas, sejam externas, fossem, no final das contas, uma relação do sistema consigo mesmo ou, por outra, uma relação construída pelo sistema para o próprio sistema, o que confirma a idéia de que as fronteiras dos sistemas são, ao mesmo tempo, as fronteiras do sentido. Depois de haver proposto o círculo procedimental de uma legitimidade sem legitimidade, em que *"il diritto viene ridotto ad una compagine di programmi decisionali"* (Raffaele De Giorgi in *Scienza del Diritto e Legittimazione*. Lecce: Pensa Multimedia, 1998, p. 237), Luhmann descreve, agora, no quadro da auto-referencialidade, uma alteridade sem alteridade, uma heteroobservação que, na verdade, não passa de auto-observação. Como os vários sistemas sociais só reconhecem e decifram os seus próprios códigos binários e, portanto, apenas se reconhecem e decifram a si mesmos, todo diálogo, ao fim e ao cabo, esconde um não-diálogo, ou seja, um monólogo heterorredutor. Pela lógica auto-referente, toda relação intersistêmica se mostra, tão apenas, uma relação indireta, completamente ciliar, ainda mais periférica do que o periférico. Num contexto com tais características, não há relação direta possível entre os sistemas e os subsistemas sociais. A teoria luhmaniana divisa o sistema econômico e o trabalhador, o sistema político e o cidadão, o sistema jurídico e o sujeito de direito, mas não vê, nem crê possível, aquele sistema e aquele homem que, sendo sistemicamente múltiplos, têm de ser, em alguma medida, sistematicamente unos. É por isso que, segundo uma lógica não-prescritiva (não-normativa), Luhmann contenta-se em simplesmente descrever a niilista modernidade da sociedade moderna: a economia não converge com o jurídico; o jurídico não acompanha a Política; e a Política, por sua vez, já há muito se desacoplou da *praxis* ecumênica do *Lebenswelt*. Em outras palavras, em Luhmann, cada sistema, sem espaço para alternativas não-sistêmicas, fala apenas a sua língua e a nenhum mais fala o 'esperanto' iluminista e axiológico dos princípios e dos valores, em cujo centro vivo, desde as revoluções do século XVIII e a declaração dos direitos fundamentais, medrou a luta pela dignidade do homem e da vida. Ao pôr em circulação conceitos diminuídos e minimalistas de razão e de linguagem, Luhmann desconsidera, desse modo, em qualquer dos seus palcos institucionais, o papel ainda polifônico e potencialmente congraçador da linguagem natural. Restringindo o enfoque ao perímetro do Direito, é também por isso que o *"sistema jurídico, monadicamente aberto e fechado, é desengatado do todos os demais sistemas sociais de ação. O sistema jurídico, agora autônomo, não consegue mais manter uma troca direta com seus mundos circundantes, nem influir neles de modo regulatório. Na base da construção de ambientes próprios, o contato com eventos situados além dos limites do sistema, produzidos pela observação, oferece apenas ocasiões para o sistema jurídico fechado autopoieticamente influir sobre si mesmo. Ele não pode assumir funções de orientação na sociedade como um todo"* ("...die Entkoppelung eines monadisch zugleich geschlossenen und geöffneten Rechtssystems von allen übrigen handlungssystemen. Das autonom gewordene Rchtssystem kann mit seinen geselschaftsinternen Umwelten keinen direkten Austausch mehr unterhalten, auch nicht mehr regulatorisch auf sie einwirken. Auf der Grundlage der Konstruktion je eigener Umwelten bietet der durch Beobachtung hergestellte Kontakt mit Ereignissen jenseits der Systemgrenze für das autopoietisch geschlossen e Rechtssystem nur noch Anlässe, um auf sich*

Da circunstância de não haver, na moral, um ponto de arquimedes, Kelsen e muitos outros (Luhmann, por exemplo) deduziram que, no Direito, a visão e a autonomia dos juristas teriam por exato e paradoxal pressuposto a sua irremediável cegueira axiológica. Em seu núcleo essencial - talvez o melhor fosse dizer não-essencial -, o positivismo pensa o Direito como vontade e decisão cegas. É como se a razão positivista se cegasse para, de imediato e só assim, declarar-se absolutamente livre. Em convergência, neste passo, com Carl Schmitt, toda a operação legislativa consistiria, *sic et simpliciter*, em extrair algo do nada. *"La decisione è nata da un nulla"*,[88] de modo que *"il carattere specifico della forma giuridica dev'essere riconosciuto nella sua natura giuridica pura"*.[89] Depois de lançar por terra os *"condicionamentos...da natureza,* [e] *da razão..."*,[90] o direito moderno, num crescente processo de neutralização e despolitização em face da metafísica, da religião e da moral,[91] ter-se-ia fundado exclusivamente como direito positivo, assumindo como *"necessário...apenas a sua contingência, ou seja, a referência a si mesmo, o seu fechamento operacional* [e] *a sua cegueira no plano das operações como condição de sua visão"*.[92]

---

selbst einzuwirken"; Jürgen Habermas in *Faktizität und Geltung*. Frankfurt am Main: Suhrkamp Verlag, 1993, p. 69). Encaixando-se, sem rasura, no discurso cibernético pós-moderno, Luhmann negligencia, assim, o fato de que os valores, sempre mediados pela linguagem, já sempre são o alfabeto, ao mesmo tempo, heurístico e articulador da própria vida - uma vida da qual os códigos recursivos dos diferentes sistemas e subsistemas jamais se podem isolar, tampouco imunizar.

[88] Vide Carl Schmitt, in *Teologia Politica*. Bologna: Società editrice il Mulino, 1972, p. 56.

[89] Idem: in ob. cit., p. 56.

[90] Vide Raffaele de Giorgi, in *Direito, Democracia e Risco*. Porto Alegre: Sergio Antonio Fabris Editor, 1998, p. 155.

[91] Schmitt, Carl, in *L'epoca delle neutralizzazioni e delle spoliticizzazioni*. Bologna: Società editrice il Mulino, 1972, pp. 167-183, minudencia, sempre influenciado por Weber, tal processo em que o essencial no direito moderno tornou-se o não-essencial e, por conseqüência, o contingente.

[92] De Giorgi, Raffaele, in ob. cit., p. 155. Do mesmo autor e sobre o mesmo tema, vide ainda *Scienza del Diritto e Legittimazione*. Lecce: Edizioni Pensa Multimedia, 1998. pp. 9-24. Gunther Teubner também não se cansa de

Kelsen e Carl Schmitt: não deixa de ser sintomático que pessoas às quais a defesa da dignidade humana tão cedo separou,[93] tenham permanecido tanto tempo unidas pela cegueira da lógica. Pateticamente, muitos quase se privaram da vida porque, um dia, embevecidos pela ciência, privaram-se do direito de ter razão. Há momentos em que, além do rigor e da destreza, a racionalidade reclama desassombro. Um desassombro que não é apenas lógico, mas que é também moral e, por isso, racional. Um desassombro que, de forma conjunta, não se conforma com o ilogismo, tampouco se deixa prostrar pelos excessos do logicismo. É importante não esquecer que, na idolatria formal-normativista, marca registrada de um pensamento que ainda não se pensou até o fim, a vítima e o holocausto convivem em paz, seduzidas pela inocência meritória das análises disciplinadamente descritivas que, sem compreender Aristóteles, sentem inveja, e não compaixão, por aqueles que nunca se confrontaram com uma *aporia*.[94] Mais do que qualquer argumento acadêmico, situações como essa bem ilustram a maneira absurda pela qual a visão vazia dos olhos positivistas tornou-se uma conseqüência, até certo ponto exótica e inesperada, da sua irremediável cegueira moral.

Houve tempo em que repetir que *a soma dos ângulos internos de um triângulo equivale a dois ângulos retos* ou

---

insistir na *"evolução cega do Direito"* (*"Blinde Rechtsevolution"*) ou na *"variação cega"* (*"blinder variation"*) das estruturas jurídicas (in *Recht als autopoietisches System*. Frankfurt am Main: Suhrkamp Verlag, 1989, pp. 61 e 63.

[93] Sobre os desencontros entre Kelsen e Carl Schmitt, durante o perído do nacional-socialismo na Alemanha, há o excelente relato de Rudolf Aladár Métall, biógrafo de Kelsen, in *Hans Kelsen - Vida y Obra*. Tradução de Javier Esquivel, México: UNAM, 1976, pp. 66-67.

[94] Gilbert Ryle, in *Plato's Progress*. Cambridge: Cambridge University Press, 1966, pp. 125-126, como todos os filósofos positivistas (Weber, Carl Schmitt, Kelsen) ou ainda residualmente neopositivistas, manifesta uma nítida incompreensão com a idéia aristotélica, mas também platônica, de que as aporias se constituem, muitas vezes, no momento privilegiado do conhecimento.

que $m \times C2=E$, bastava para infundir orgulho e segurança na humanidade. Em um contexto de desencanto e desencontros niilistas, era o sinal matemático e compensador de que nem tudo estava perdido. Hoje, depois de vários erros cometidos em nome dessas supostas certezas lógicas e daquelas outras impostas incertezas práticas, tudo isso parece exagerado e insuficiente. Já não há um abismo incolmatável entre ciência e filosofia prática. Tanto a verdade científica, quanto a verdade moral vivem entre os homens e, portanto, dependem do entendimento hermenêutico e do diálogo vigilante dessa recorrente comunidade de intérpretes. Por certo, todos sabem que os problemas e os desafios axiológicos e deônticos são de um nível de exatidão diverso dos problemas e dos desafios científicos. Mas o modo como Kelsen e o neopositivismo apontaram as diferenças parece ser inadequado porquanto anacrônico. É por isso que a voz iluminista e, sobretudo, jusnaturalista dos critérios, demonstrou-se, para Kelsen, num passo ulterior, *"incompatível com a democracia"*.[95] Com efeito, apenas haveria genuína liberdade democrática só e enquanto tudo, rigorosamente tudo, se revelasse factível no mercado contingente das deliberações. Em outras palavras, os homens seriam livres tão-só porque moralmente obtusos. A "liberdade positivista", como, de resto, a moderna "liberdade sistêmica" (não confundir com a sistemática), são liberdades que se estruturam a partir do não-fundamento. Com outra máscara, retine, aqui, uma vez mais, aquela famigerada e infrutífera lógica do "tudo-ou-nada", que, desde Nietzsche, coloniza a reflexão dos juristas e, mais ainda, dos filósofos. Eis a premissa oculta: ou bem as pessoas vêem e sabem tudo, ou bem as pessoas não vêem e não sabem nada ... Mas será que as certezas medram tão-somente no "tudo-ou-

---

[95] De acordo com Raffaele de Giorgi, in ob. cit., p. 155, *"o direito natural é incompatível com a democracia. E isso Kelsen dizia no início de um século que veria tantos jusnaturalismos"*.

HERMENÊUTICA E SISTEMA JURÍDICO

nada" desses extremos? Será que Kelsen tem razão quando consigna que *"a relatividade não é uma qualidade como o calor, que pode ter diferentes graus"*[96]? Será que *"a relatividade de um valor está em sua natureza condicional e não há possibilidade de ser mais ou menos condicionado"*[97]? Será que os indivíduos, sem espaço para *"etapas intermediárias"*,[98] só se podem considerar livres quando oferecem, em sacrifício dionisíaco, toda e qualquer pretensão prescritiva na esfera da moralidade? Será que os discursos da liberdade e da democracia são, de fato, constitutivamente dependentes de uma radical cegueira no plano da ação? Será, enfim, que a humanidade apenas é livre e democrática quando, do ponto de vista das decisões, reconhece a sua terminal e terminante irracionalidade?

Como se vê, por detrás dos méritos, alojava-se o grande e indisfarçável demérito kelseniano: o conformar-se à falsa ausência, no plano da razão prática, de critérios aptos a gerir as escolhas hermenêutico-axiológicas dos indivíduos. Mas, como adverte Alexy, nesse debate sobre a fundamentação dos juízos morais, *"não há nenhum motivo para este tipo de atitude do tudo-ou-nada"*.[99] Do ponto de vista prescritivo, a circunstância de não se poder dizer a última palavra não significa, na Ética e no Direito, que já não se possa dizer nenhuma palavra. Cada vez mais, as ciências do espírito e da natureza se têm extremado desses pólos impossíveis do tudo ou do nada. Enquanto o jusnaturalismo assumiu a perspectiva do *tudo*, o positivismo preferiu a irresponsabilidade do *nada*. Entretanto, o atual estágio dessa polêmica põe de manifesto que se, de um lado, são utópicas quaisquer

---

[96] Kelsen, Hans, in *A Democracia*. Tradução de Ivone Castilho Benedetti, Jefferson Luiz Camargo, Marcelo Brandão Cipolla e Vera Barhow, São Paulo: Matins Fontes, 1993, p. 237.

[97] Idem: in ob. cit., p. 237.

[98] Idem: in ob. cit., pp. 237-238.

[99] in *Theorie der Grundrechte*. Frankfurt am Main: Suhrkamp Verlag, 1994, p. 499: *"Zu einer derartigen Alles-oder-Nichts-Hantung besteht jedoch kein Anlass"*.

certezas materiais conclusivas e acabadas, de outro, são perfeitamente viáveis, na linha das teorias neokantianas da argumentação e do discurso, fundamentações menos ambiciosas, no entanto, ainda assim, passíveis de controle e gerenciamento racional.[100] Conquanto não haja um *organon* fixo e a-histórico para a moralidade, parece já possível ultrapassar-se a pressão asfixiante dessa radical dicotomia entre objetivismo e subjetivismo, não apenas no patamar das teorias da verdade, mas, por igual, no enfoque correlato das teorias da razão prática. A lógica deôntica é mais do que subjetiva e menos do que objetiva: ela é intersubjetiva. Em outras palavras, embora não sejam objetivos, os princípios ou cânones morais são, pelo menos, dialógicos e consensuais.[101]

Todavia, em Kelsen, o Direito, após o desencanto com o idílio jusnaturalista, não teria mais nenhuma significação substancial, porém apenas normativa, de sorte que, no torvelinho da temporalidade e do *"politeísmo dos valores"*,[102] aos dilemas materiais, sempre acoplados à concretização hermenêutica das leis, foi-lhes abertamente interditado o conforto e a garantia da moderna cientificidade. Pela mão de Kelsen, o Direito ganhou autonomia com relação a toda e qualquer finalidade axiológica estranha ao conceito de norma forjado pelo puro e neutro desenvolvimento de sua técnica. Quanto mais a teoria jurídica se acomodou às estruturas lógico-normativas, tanto menos se ocupou com o conteúdo das escolhas político-jurisdicionais. Esse modelo decisionista representa, por conseguinte, a natural contraparte da acusação de irracionalidade averbada contra

---

[100] Idem: in ob. cit., p. 499.

[101] Karl-Otto Apel, in *Das Apriori der Kommunikationsgemeischaft und die Grundlagen der Ethik*. Transformation der Philosophie. Frankfurt am Main: Suhrkamp Verlag, 1973, vol. II, pp. 358-435, e Jürgen Habermas, in *Theorie des kommunikativen Handelns*. Frankfurt am Main: Suhrkamp Verlag, vols. I e II, 1987.

[102] Vide a nota nº 86.

as preferências valorativas. No fundo, a paixão mítica e, por que não dizê-lo, quase ideológica pela aparente neutralidade asséptica da ciência sobrepujou, no Kelsen pacifista e democrata (que nunca deixou de falar em tolerância, democracia e liberdade),[103] o amor jurídico, racional e material pela defesa, já no coração do discurso jurídico, dos princípios mínimos e nucleares do convívio. Por isso, com o afirmar que os positivistas - pelo menos os da primeira vindima - não se conformavam com a filosofia dos valores, divulga-se, talvez, só uma parte do diagnóstico. É que, de forma genérica, junto com os demais princípios e valores jurídicos, também a dignidade da pessoa humana deixou de ser a questão de maior relevo jurídico-normativo, fazendo com que os sujeitos de direito, antes o centro substancial de gravidade das leis, fossem substituídos pela estrutura mesma do sistema jurídico, recém-equipada com os poderosos atributos estritamente lógicos da unidade, da autocorreção e, sobretudo, da autonomia formal. Para Kelsen, o Direito tornou-se, então, apenas e exclusivamente, direito posi-

---

[103] Em *O que é Justiça*. Tradução de Luís Carlos Borges, São Paulo: Martins Fontes, 1997, p. 25, Kelsen afirma que *"Nenhuma doutrina pode ser reprimida em nome da ciência, pois a alma da ciência é a tolerância"* e, mais adiante, arremata: *"Devo satisfazer-me com uma justiça relativa...:uma vez que a ciência é minha profissão e, portanto, a coisa mais importante em minha vida, trata-se daquela justiça sob cuja proteção a ciência pode prosperar e, ao lado dela, a verdade e a sinceridade. É a justiça da liberdade, da paz, da democracia, da tolerância"*. Essas passagens resumem, até certo ponto, toda a ambigüidade kelseniana: de um lado, observa-se a weberiana devoção à ciência como vocação (profissão) e, de outro, o culto à democracia como liberdade e à paz como tolerância. Mas fica uma dúvida suspensa no ar: se a tolerância é, de fato e de direito, a *"alma da ciência"*, isto é, se tal valor se afigura, por assim dizer, o fundamento axiológico (não-puro) da ciência, como se torna possível, então, não reconhecer, já no núcleo do discurso jurídico-científico, a presença mínima, racional e constitutiva dos valores? Ou será que a liberal e lockeana tolerância não é um valor? Salvo melhor juízo, depois de separar, à maneira de Hume, *is (reality)* e *ought (norm or value)*, Kelsen acaba, talvez sem querer, por confessar, nas entrelinhas, a importância, também na Ciência, de um mínimo ético sem o qual nem ela pode existir, tampouco desenvolver-se.

tivo - um direito, como agora reafirma Luhmann,[104] que só se legitima na produção auto-referente de si mesmo, um direito cuja principal marca é a absoluta contingência, ou seja, o perpétuo e inesgotável desapego a tudo quanto, a partir do seu código interno e recursivo (legal/ilegal), ganha inserção no sistema. Nessa infinita transitoriedade, eis o motivo por que a "razão sistêmica" (não-sistemática) - a mais nova herdeira, nesse aspecto, do positivismo - se não se satisfaz, pelo menos admite, à maneira de Pilatos, a sua impotência diante da idéia redundante e tautológica de que, no mundo pós-moderno da diferenciação funcional e da legitimação pelo procedimento, o Direito somente é válido porque é válido, porque é válido, porque é válido...

As coisas, no entanto, não são assim tão simples. Os direitos humanos não se constituem em desidratadas conquistas puramente procedimentais. Neles se percebe haver entre Direito e Moral, senão um nexo hierárquico, pelo menos uma forte e decisiva complementariedade funcional.[105] Sem menosprezar o sentimento filosófico

---

[104] Luhmann, Niklas, in *L'unité du système juridique*. Archives de Philosophie du Droit, Paris: Éditions Sirey, 1986, vol. 31, pp. 163-188. Vide, também, Helmut Willke, in *Diriger la société par le droit?*. Archives de Philosophie du Droit, Paris: Éditions Sirey, 1986, vol. 31, pp. 189-212; Hubert Rottleuthner, in *Les métaphores biologiques dans la pensée juridique*. Archives de Philosophie du Droit, Paris: Éditions Sirey, 1986, vol. 31, pp. 215-244; Willis Santiago Guerra Filho, in *Autopoiese do Direito na Sociedade Pós-Moderna*. Porto Alegre: Livraria do Advogado, 1997, e Gunther Teubner, in ob. cit. sobretudo nas pp. 36-60.

[105] Jürgen Habermas, in *Faktizität und Geltung*. Frankfurt am Main: Suhrkamp Verlag, 1993, p. 137, sustenta, com razão, que *"a moral autônoma e o direito positivo, que depende de fundamentação, encontram-se numa relação de complementariedade recíproca"* (*"Die autonome Moral und das auf Begründung angewiesene positive Recht stehen vielmehr in einem Ergänzungsverhältnis"*). Sobre o tema, vide, ainda, Robert Alexy, in *Sobre las relaciones necesarias entre el derecho y la moral*. Derecho y Moral, Barcelona: Gedisa editorial, 1998, pp. 115-137 ; bem como Neil MacCormick, in *En contra de la ausencia de fundamento moral*. Derecho y Moral, Barcelona: Gedisa editorial, 1998, pp. 160-182. Quanto à impossibilidade de se falar, juridicamente, do *"sujeito de direito"*, sem de se ter de falar, moral e antropologicamente, do *"sujeito digno de estima e de respeito"*, vide Paul Ricoeur, in *O Justo ou a Essência da Justiça*. Lisboa: Instituto Piaget, 1995, pp. 25-34.

HERMENÊUTICA E SISTEMA JURÍDICO

pós-moderno, é fato digno de nota que os direitos humanos, antes de se formalizarem como fenômeno jurídico (direitos subjetivos) e de aliviarem os julgadores das sobrecargas de uma *praxis* justificatória quotidiana e permanente, são, desde uma perspectiva mais ampla e prévia, o reflexo intersubjetivo da autonomia moral dos cidadãos - cidadãos esses que se entendem e enxergam a si mesmos como os seus protagonistas e destinatários. A partir de um ângulo mais recuado e inclusivo, a lógica procedimental estrita surge, ao reverso, não como fonte primária, mas como o resultado ulterior ou, ainda, de certa forma, como mais um direito entre tantos outros direitos e garantias fundamentais: o direito à legalidade. Até a chamada *"legitimação pelo procedimento"* (*"Legitimation durch Verfahren"*)[106] não se consegue impor aos cidadãos e ao legislador tão-só como um ritual ou requisito externo funcionalmente instrumentalizado. *"Ainda quando, em sua legalidade, compareça uma parcela, freqüentemente não observada, de sua legitimidade"*,[107] a vida do procedimento não se circunscreve apenas ao procedimento, tanto quanto a vida de uma Constituição não se restringe à sua mera normatividade. Salvo melhor juízo, tanto as Constituições quanto os seus rituais não são como as divindades sem rosto do paganismo remoto. Assim como os direitos humanos - em cujo cerne se busca assegurar a mais ampla, isonômica e digna liberdade para todos -, também a lógica procedimental necessita de um cenho axiológico mínimo forjado pela autocompreensão ética e soberana da comunidade política. De que vale a segurança de uma decisão, sem a garantia da dignidade humana? Como

---

[106] Luhmann, Niklas, in *Legitimation durch Verfahren*. Frankfurt am Main: Suhrkamp Verlag, 1983.

[107] Hesse, Konrad, in *Grundzüge des Verfassungsrechts der Bundesrepublik Deutschland*. Heidelberg: C.F. Müller Juristischer Verlag, 1978, § 1º, III, 3, p. 15: *"..., wenngleich bereits in ihrer Legalität ein Stück - häufig übersehener - Legitimität liegt"*.

sublinha, nesse sentido, Tugendhat, *"the fundamental point ... must be human dignity. What we want is a society where the possibility to live a life with self-respect is not a privilege of some, but a right of everybody. This is the point of the extended conception of human right"*.[108] Vale dizer, também o *iter* procedimental, na condição de palco para a abertura e para o pluralismo do moderno direito contingente, encarna ele próprio um valor e uma conquista inconciliáveis, historicamente, com o simplismo burocrático de uma legitimação sem legitimação ou - como prefere denunciar Höffe - *"de uma justiça sem justiça"*.[109] Se já soava reducionista e redutora a máxima hobbesiana de que *non veritas sed auctoritas facit legem*,[110] também não parece convincente o atual substitutivo dissimuladamente consolador de que *non veritas sed processus facit legem*. Entre a *veritas* e a *auctoritas*, entre a *veritas* e o *processus*, há ainda espaço, mais aquém do objetivismo e mais além do subjetivismo, para as certezas falibilistas, hermenêuticas e dialógicas (consensuais) dos princípios e dos valores jurídicos.

Assim, os vazios lógico ou procedimental não podem, sem doloroso *deficit* de racionalidade, continuar sendo o *opium* dos juristas. O Direito, sem embargo da pureza e da elegância do halo científico, não resiste a essa dieta complacentemente descritiva. Com todo o respeito a Kelsen e a Luhmann, cumpre, já de início, em orientação epistemológico-empírica diversa e mais abrangente, colocar em realce que a ordem jurídica e a sua interpretação têm *"por objeto o sistema jurídico na sua condição de totalidade axiológica"*,[111] alertando para a cir-

---

[108] in *Liberalism, Liberty and issue of economic human rights*. Philosophische Aufsätze, Frankfurt am Main, 1992, pp. 368-369.

[109] in *Politische Gerechtigkeit*. Frankfurt am Main: Suhrkamp Verlag, 1987, p. 183: *"Gerechtigkeit ohne Gerechtigkeit"*.

[110] Thomas Hobbes, in *Leviathan*. Great Books of The Western World, Chicago: Encyclopaedia Britannica, 1952, vol. 23, cap. XXVI, pp. 130-138.

[111] Freitas, Juarez, in ob. cit. , p. 15.

cunstância de que *"qualquer norma singular só se esclarece plenamente na totalidade das normas, dos valores e dos princípios"*.[112] Sem espaço para atomismos, a autêntica exegese sempre constitui *"uma aplicação do Direito em sua totalidade"*,[113] isto é, do Direito como *"rede axiológica e hierarquizada de princípios gerais e tópicos, de normas e de valores jurídicos"*.[114] Em certo sentido, as simples normas ainda não são verdadeiras normas. Tanto quanto a qualidade de um texto não se mede tão-só pelas formas lingüísticas, também a riqueza e a identidade de um ordenamento não se avaliam apenas pela letra normativa, mas, principalmente, pelo seu aberto e geral significado axiológico. É nessa arejada unidade com o conteúdo material do sistema - ou seja, com a totalidade de sentido dos princípios jurídicos - , que os preceitos legais experimentam toda a sua força hermenêutica, de tal sorte que, ao precedê-las e superá-las, os valores, em todas as circunstâncias, vigoram aquém e além das normas.

Isso posto, é preciso conceder aos princípios e aos valores um lugar todo especial e todo central no sistema. Semelhantes à linguagem, os princípios e os valores, embora sempre convencionais, são, ao mesmo tempo, os meios e os fins do Direito. Eis por que, do ponto de vista

---

[112] Idem: in ob. cit., p. 16.

[113] Idem: in ob. cit., p. 15.

[114] Idem: in ob. cit., p. 18. Como assinalam Hans J. Wolff e Otto Bachof, os princípios, enquanto fontes de Direito, são, por assim dizer, normas fundamentais e, por isso mesmo, não integram a esfera externa do suprapositivo, mas, bem ao contrário, a órbita interna do Direito positivo (*"Rechtsgrundsätze als Rechtsquellen sind fundamentale Rechtsnormen... Eben deshalb gehören sie nicht einem 'überpositiven', sondern dem positiven Recht an"*, in *Verwaltungsrecht*, München: C.H. Beck'sche Verlagsbuchhandlung, 1974, vol. I, [§ 25, Ia], p. 121). Em confluência, no ponto, com Juarez Freitas, concedem aos princípios a condição de *"fundamento de cognição para o direito positivo"* (*"Erkenntnisgrund für positives Recht"* in ob. cit., vol. I, [§ 25, Ia], p. 122). Sobre essa matéria, é também ilustrativo lembrar as palavras de Bernard Schwartz, quando sublinha que *"um Direito sem valores conduz, inevitavelmente, à anomia"* (in *Algunos Artifices del Derecho Norteamericano*. Tradução de Rubén Loparte, Madrid: Editorial Civitas, 1985, p. 224).

cognitivo, sem eles quase não se poderia pensar, comunicar ou retomar os pensamentos jurídicos e morais. A dialógica racionalidade dos princípios e dos valores jurídicos é, portanto, a verdadeira garante do sistema. Uns e outros atuam, em conjunto, como uma espécie de linguagem natural, um tecido conjuntivo que circula por todos os interstícios dos sistemas jurídicos e sociais, preservando a possibilidade de comunicação e, por conseguinte, de harmonização das suas distintas lógicas recursivas. A linguagem natural dos valores serve de guia precursor tanto para a vida jurídica estrita, quanto para a vida de relação interior e exterior. É essa linguagem, desde sempre axiologizada, que ensina as primeiras letras às demais linguagens, inclusive e, talvez sobretudo, à linguagem normativa. Sem o discurso, a um só tempo, intersticial e nuclear dos princípios e dos valores, as formas derivadas de designação e organização sistemáticas perdem sentido e, o que é pior, desmancham-se no vazio da irracionalidade... Os princípios e os valores aglutinam, portanto, aquele *fundus* de sentido comum e globalizável que, sempre em aliança com o mundo da vida, permite o diálogo entre os muitos saberes funcionalmente diferenciados. Mais do que "*acoplamentos estruturais*",[115] as diretrizes principiológicas são, no âmago das Constituições, os vetores nucleares, algumas vezes invisíveis e indeterminados, que magnetizam todos os demais elementos constitutivos da reali-

---

[115] A teoria dos sistemas autopoiéticos, cuja origem remonta a Humberto Maturana e Francisco Varela (in *De Máquinas y Seres Vivos*. Santiago: Editorial Universitaria, 1973), construiu o conceito de *"acoplamento estrutural"* para justamente descrever o modo como cada tipo de dependência com relação ao ambiente se compatibiliza com a auto-referência e a clausura operacional do sistema. A esse respeito, vide Niklas Luhmann in *Soziale System. Grundriss einer allgemeien Theorie*. Frankfurt am Main: Suhrkamp Verlag, 1984, bem como in *Por que uma 'teoria dos sistemas'*. Dialética e Liberdade, Porto Alegre/Petrópolis: Editora da Universidade/ Vozes, 1993, pp. 430-441.

HERMENÊUTICA E SISTEMA JURÍDICO

dade jurídica e social. Não se quer dizer com isto que as normas ou a legalidade *stricto sensu* sejam desimportantes. As regras,[116] sem qualquer dúvida, iluminam o caminho do intérprete, mas elas são pequenas fontes de luz, e não o sol. A lei se apresenta tão-só como o primeiro e o menor elo da encadeada e sistemática corrente jurídica, da qual fazem parte, até para a garantia de sua

---

[116] Utiliza-se o termo *regra* com o mesmo sentido de *norma* e de *lei*. Além disso, trabalha-se com os conceitos adicionais de *valor* e de *princípio*, seguindo, em tudo, a orientação segura do Prof. Juarez Freitas (in ob. cit., pp. 40-42), que prefere não os identificar com os conceitos de *norma* ou de *regra*. Mais concretas, as *normas* derivam, em linha direta, dos *valores*, no preciso sentido de que não existiriam sem a sua originária fonte axiológica. De certo, o maior ou menor desconhecimento dos valores conduzirá, consoante à métrica jurídica, a uma maior ou menor ênfase ao mundo das *normas*. Mas a realidade é que, em última instância, os *valores*, ainda quando ausentes as *regras*, desde sempre governam nossas escolhas, hierarquizações e, portanto, interpretações. De fato, pode haver paradigmas axiológicos sem *normas* ou *princípios*, porém, não há como se estruturarem sistemas, quer de *normas*, quer de *princípios*, quer, ainda, de *normas* e de *princípios*, que não sejam, consciente ou inconscientemente, coadjuvantes de um implícito sistema de *valores*.

Com relação à idéia, bastante difundida, de que o falar em *valores* implicaria, desde logo, a confusão entre os planos axiológico e deontológico, cumpre notar que, salvo melhor juízo, essa distinção, ela mesma, já se revela axiológica. Alguns falam deste discrime como se tratasse de algo absolutamente objetivo e ao alcance dos olhos de todos. Mas a realidade é que, até hoje, nenhum filósofo foi capaz, com a precisão de uma régua, de demarcar os limites e a extensão dos territórios deôntico e axiológico. Mais do que isso (e aqui reside o ponto sobre o qual ainda não se meditou com o necessário cuidado), ninguém conseguiu provar a pura objetividade do conflito entre os campos normativo e valorativo, ou seja, a sua pureza não-axiológica. É que os valores já sempre são o *medium* em que se articula tal discrime. Em outras palavras, todas as tentativas soam convencionais, porque, ainda e de novo, movimentam-se no inescusável plano dos valores.

De mais a mais, causa certa perplexidade ver como alguns que, até ontem, criticavam a separação kelseniana entre *ser* e *dever-ser*, agora, contra as expectativas, sustentam o corte entre os mundos axiológico e deontológico, sem notar que, logicamente, quem diz uma coisa, não poderia afirmar a outra: ou bem *ser* e *dever-ser* andam juntos e, nessa medida, não há completa ruptura entre *valores* e *regras*, ou bem *ser* e *dever-ser* caminham separados e, nessa medida, há um hiato entre as esferas axiológica e deontológica. Olhando mais de perto, o que se observa é que esse argumento contra a inclusão dos *valores* no sistema acaba por revelar o estranho percurso seguido pelo pensamento dos seus artífices: criticam Kelsen para, depois, quem sabe inconscientemente, retornarem a Kelsen.

resistência, os princípios e os valores, sem cuja predominância hierárquica e finalística, o sistema sucumbe, vítima da entropia e da contradição. Assim, os princípios são os hierarcas não apenas no plano formal, mas, sobremaneira, dada a sua natureza axiológica, também na dimensão material, de modo que, através deles, desce, das mais elevadas prioridades do sistema, a unção valorativa viabilizadora da coerência substancialmente sistemática. Vale dizer, a unidade do sistema só é assegurada por obra do superior gerenciamento teleológico patrocinado pelos princípios e valores constituintes da ordem jurídica.

Vai daí que a idéia de sistema jurídico estava e está a reclamar conceituação mais abrangente, sob pena de se tornar incapaz de surpreender o fenômeno jurídico em toda a sua dimensão, principalmente na esfera decisória. Nesse esforço, recusa-se, de plano, aquela noção de sistema fundada na qual *"as normas ... guardariam entre si relação apenas de forma, destituída de conteúdo"*.[117] Sem descuidar da valiosa e indispensável busca de *"coerência lógica mínima do ordenamento"*,[118] chama-se a atenção para o fato de que a exigência de unidade jamais será lograda apenas no patamar formal, uma vez que, na origem mais remota do Direito, estão presentes princípios e valores jurídicos potencialmente contraditórios. Isso importa em afirmar - se se optar por outra formulação - que o Direito, com as asas de cera do formalismo dedutivista, nunca atingirá coerência sem comprometer, ato contínuo, sua eficácia e legitimidade substanciais. O positivismo, caminhando na clausura lógico-analítica, assemelha-se ao isolado misantropo, quase totalmente incapaz de travar contato com a móvel e movente multiplicidade do mundo da vida.

---

[117] Freitas, Juarez, in ob. cit., p. 21.

[118] Idem: in ob. cit., p. 23.

Aristóteles ensinava que toda ação ou escolha deve corresponder a um bem (*ágathon*) ou a uma finalidade (*telos*).[119] Com o Direito não é diferente: a toda lei corresponde uma finalidade a partir da qual deverá ser interpretada e sem a qual jamais será compatibilizada com os fins últimos e gerais do ordenamento jurídico. *"A materialidade é que determina a forma, prévia ou supervenientemente"*.[120] No fundo, a coerência formal é apenas a primeira, a mais inferior e a menos sólida expressão de unidade. Unidade das unidades será sempre a que emergir da coerência materialmente valorativa, no permanente e aberto jogo concertado dos fins intrínsecos a cada uma e a todas as normas jurídicas. Em se tratando de sistema jurídico, não se pode, pura e singelamente, pressupor uma coerência normativa anterior ou apartada do mundo da vida. É diante do caso concreto, pleno de contradições axiológicas, que se realiza a autêntica e atualizada compatibilização dos múltiplos segmentos do ordenamento jurídico.

Ademais, é preciso ver que o Direito, ao contrário do que imaginava o pensamento dedutivo-normativista, não se apresenta - nem poderia se apresentar - como um sistema fechado e completo. Felizmente, na seara jurídica, a idéia de sistema combina com a de abertura. É a junção das duas que faz e refaz a unidade do fenômeno jurídico, uma vez que o Direito se constitui, ao mesmo tempo, em um lugar de preservação e de inovação. O sistema - ou estabilidade - é apenas uma metade, sendo a abertura - ou contingência - a outra metade do Direito. Recapitulando, sistema e abertura irmanam-se no preciso sentido de que, assegurando, a partir de dentro, a conservação e a mutação do ordenamento jurídico, culminam por preservá-lo, valendo-se, sempre, do seu próprio percurso lógico. Com efeito, o Direito, ao siste-

---

[119] Aristóteles, in *Ethica Nicomachea*. Oxford: Oxford Classical Texts, 1988, (1194a), p. 1; *Politica*. Oxford: Oxford Classical Texts, 1988, (1252a), p. 1.

[120] Freitas, Juarez, in ob. cit., p. 29.

matizar-se, advém da abertura e, ao abrir-se, propicia adaptabilidade, de tal sorte que o sistema pode, por assim dizer, persistematizar-se. Esse é o motivo por que um mantém o outro e, como cara e coroa, um jamais existe sem o outro. A conjunção entre sistema e abertura denuncia, portanto, o modo todo peculiar pelo qual não só o Direito se ressistematiza e, em alguns casos, contrasistematiza, como, também, a forma pela qual, a cada passo, a inesgotável riqueza do mundo da vida se incorpora e reencontra com o sistema sem converter esse processo em uma guerra para ambos indesejável e estiolante.

Durante largo período, o formalismo de algumas concepções positivistas fez da clausura um dogma empírico-científico e, da abertura, uma quimera ideal-assistemática. Mas, em sentido oposto, o tempo e a pesquisa filosófica amadurecida encarregaram-se, como ironia do destino, de mostrar, no antigo dogma, a ilusão vã e ingênua e, na presumida quimera, a evidência concreta e palpável. O Direito é, sim, sistemático e aberto. Não é fechado, porque sujeito à mobilidade (Wilburg) e à indeterminação dos conceitos jurídicos (Engisch); não é completo, porquanto, justapostas à permanente incompletude científica, "*as contradições e as lacunas acompanham as normas à feição de sombras...*".[121] A falta de uma total nitidez de conteúdo e contornos das categorias jurídicas, que se parece dever ao quiasma de luz e sombra da indeterminação, transforma-se, no fundo, no maior e mais visível emblema da abertura do sistema e, também ainda, da mutabilidade de suas exegeses. A indeterminação se assemelha a um véu sutil, transparente e assimétrico que, ao mesmo tempo, esconde e revela, circunda e envolve os conceitos jurídicos. É por isso que o sistema, em sua abertura, desenha-se como algo que, ao ser posto, jamais se esgota a si mesmo. Trata-se, por

---

[121] Idem: in ob. cit, p. 29.

conseguinte, de uma unidade axiológica bastante peculiar: subsiste através do conflito e da indeterminação. Se, de um lado, é limite, de outro, é abertura. Eis por que o Direito, nele consagrados os valores democráticos, não se caracteriza somente pela estreita experiência do limite, da vinculação e da necessidade. A experiência jurídica vai além das rígidas grades do espírito objetivo. O Direito experimenta, já em seu núcleo axiológico, o vigor jurisprudencial da abertura para o novo. Dê-se ou não conta disso, *"toute jurisprudence est productive..."*.[122] É como se o espírito subjetivo, dando a si mesmo uma expressão hermenêutica universalizável, subisse sobre os ombros do espírito objetivo, fazendo da rede normativo-principiológica um lastro mínimo a partir do qual a liberdade reúne as condições lógicas para alçar o constante aperfeiçoamento da vida jurídica e social.

Todavia, não se há de negligenciar a realidade de que, também no Direito, para que tudo mude, algumas coisas só se devem modificar muito lentamente e, ainda assim, na mais tolerante das hipóteses, em casos especialíssimos. Todo sistema jurídico reclama um núcleo de constante fixidez (cláusulas pétreas), capaz de governar os rumos legislativos e hermenêuticos não apenas dos poderes constituídos, mas da própria sociedade como um todo. É por esse motivo que os direitos e garantias fundamentais[123] atuam, no centro do discurso constitu-

---

[122] Jhering, R. von, in *L'Esprit du Droit Romain*. Paris: Librairie Marescq Ainé, 1887, vol.III, § 46, p. 78.

[123] Aqui se encontra, talvez, a razão pela qual Alexy e outros vêem nos direitos fundamentais justamente aquele *"limite dos limites"* (*"Schrankenschranke"*; in *Theorie der Grundrechte*. Frankfurt am Main: Suhrkamp Verlag, 1994, p. 267), confirmando a perspectiva de que, na condição de *"núcleo essencial"* (*"Wesensgehalt"*), esses direitos atuam como guardiães da unidade e dos valores mínimos dos múltiplos sistemas sociais. Em outras palavras, o núcleo essencial dos direitos e garantias fundamentais enfeixa, também, o núcleo essencial da Constituição e do próprio sistema jurídico como um todo. É por isso que Alexy afirma, paradigmaticamente, que os direitos fundamentais atuam, eles mesmos, como restrições à sua própria restrição e restringibilidade (*"...die Grundrechte als solche Beschränkungen ihrer Einschränkung und Einschrankbarkeit sind"*; in ob. cit., p. 267). Sobre os Direitos

cional, como um DNA, como um código genético, em cuja unifixidade mínima, convivem, de forma indissociável, os momentos sistemático e heurístico de qualquer ordem jurídica verdadeiramente democrática. Com efeito, a forma federativa, o voto direto, secreto, universal e periódico, a separação dos Poderes e, sobretudo, os direitos e garantias individuais (CF, art. 60, § 4º) funcionam, em conjunto, como os mais importantes critérios reguladores de todas as hierarquizações axiológicas promovidas nas múltiplas esferas do sistema social, permitindo que esse sistema, sem abalos sísmicos, possa - como já se disse no capítulo anterior - abrir para sistematizar e sistematizar para abrir. Nesse sentido, é necessário, mais do que nunca, servir-se da abertura do sistema e dos conceitos jurídicos na senda de uma exegese dignificadora dos direitos e garantias fundamentais, em lugar de uma interpretação desfiguradora, comprometida, quase sempre, com a tese inconstitucional do esvaziamento das cláusulas pétreas. Pretender a máxima eficácia axiológica e semântica dos princípios constitucionais prevalentes (CF, art. 60, § 4º) significa, em respeito à Lei Maior, dar concretude à aberta dignidade do sistema jurídico e, acima de tudo, à própria dignidade humana, fonte originária e não-abstrata de todas as dignidades.

É por esse fundamento, outrossim, que a noção de sistema aberto, tendo como ilustração as cláusulas pétreas, credencia-se, sem dúvida, como o maior signo dessa garantia simultânea de estabilidade e mutabilidade. Não se trata, como alerta Hesse,[124] de uma questão alternativa entre *"rigidez"* (*"Starrheit"*) e *"mobilidade"* (*"Beweglichkeit"*), senão, em um enfoque mais certeiro,

---

Fundamentais, consulte-se, entre nós, o inigualável Paulo Bonavides, in *Curso de Direito Constitucional*. São Paulo: Malheiros Editores, 1997, bem como a preciosa e precisa monografia de Ingo Wolfgang Sarlet, *A Eficácia dos Direitos Fundamentais*. Porto Alegre: Livraria do Advogado, 1998. Em uma perspectiva mais ligada à Ciência Política, vale a pena ler Celso Lafer, in *A Reconstrução dos Direitos Humanos*. São Paulo: Companhia das Letras, 1988.

[124] in ob. cit., § 1º, III, 4, p. 16.

HERMENÊUTICA E SISTEMA JURÍDICO

de um problema de coordenação desses dois momentos mutuamente constitutivos e inseparáveis. O novo somente assume o *status* de novo quando projetado sobre um fundo mais ou menos homeostático. Como reitera Plotino,[125] todo movimento descansa, por assim dizer, sobre uma base minimamente estável, cabendo destacar, de outra parte, que apenas pelos méritos desta lógica a dinâmica do inédito consegue produzir seus padrões e compassos de regularidade. Certo, das fissuras do *novum* e do ainda nunca visto, mais cedo ou mais tarde, desenvolve-se uma geometria secretamente familiar. Mas a diacronia gera suas sincronias quando e enquanto o núcleo infungível da ordem constitucional empresta lastro suficiente às mudanças na periferia. Por isso, longe de impedir, a abertura assume, no seio do sistema, a condição de um de seus pressupostos lógicos, visto que, abolindo o arbitrário contraste entre interno e externo, garante, em face do caso concreto, e, principalmente, sem recorrer ao moroso legislativo, sua espontânea e natural atualização. Sepultando a utopia do puro e cerrado formalismo, torna-se claro, nesse passo, que todo fechamento desagrega, só a abertura sistemática unifica. Ainda uma vez, dada a importância desta premissa, defendo: não há sistema sem recíproca abertura.[126]

---

[125] in *Enneadi*. Tradução bilíngüe de Giuseppe Faggin, Milano: Rusconi, 1996, III, 2, 4, (10), pp. 356-357: *"Il movimento (kínesis) deve venire dall'immobilità (akinesías)..."*.

[126] Como salienta Ernst Bloch, in *Subjekt-Objekt*, Frankfurt am Main: Suhrkamp Verlag, 1990, p. 470, *"O sistema aberto é, assim, possível, ou melhor, o único possível..."* (*"Das derart mögliche, ja einzig mögliche offene System ist..."*). Adotando linha de pensamento semelhante, assevera Konrad Hesse, in *Grundzüge des Verfassungsrechts der Bundesrepublik Deutschland*. Heidelberg: C.F. Müller Juristicher Verlag, 1978, p. 13: *"Esta abertura e amplitude da Constituição não significa, com certeza, sua dissolução num total dinamismo, no qual a Constituição se tornaria incapaz de dar à vida da comunidade condutor seguro. A Constituição não deixa apenas aberto, mas também assenta, de modo vinculante, o que não deve ficar aberto"* (*"Diese Offenheit und Weite der Verfassung bedeutet freilich nicht Auflösung in eine totale Dynamik, in der die Verfassung ausserstande wäre, dem Leben des Gemeinwesens leitenden Halt zu geben. Die Verfassung lässt nicht nur offen, sondern sie legt auch verbindlich fest, was nicht offen bleiben soll"*). Com igual orientação, ensina Ernst Benda, in *Der*

De fato, tal atributo fornece ao ordenamento o de que necessitava para ser realmente estável, já que, no mundo jurídico, só a finitude (=abertura), em aparente paradoxo, viabiliza a infinitude da durabilidade. A clausura, utópica tentativa de decretar *a priori* a eterna auto-suficiência do sistema, somente produz instabilidade e, o que é pior, morte jurídicas.

Assim, a bem da concreta e saudável empiria, sistema e abertura são, de todo e em tudo, cooriginários. Da mesma forma que a história está desde dentro e para sempre aberta, também o Direito, dotado de regras pertencentes a diferentes épocas evolutivas, apresenta igual identidade. História e Direito são uma obra aberta, cuja significação comporta em si o poder de se ultrapassar. Não há como erguer o ordenamento legal acima do fluxo sem fim da história, exatamente porque não parece possível, no sistema, sublimar o acontecer da tradição. Indo mais longe, o sistema jurídico só se constitui numa "realidade" quando aplicado às demais "realidades históricas" do quotidiano. Nisso, aliás, o Direito copiou a natureza aberta e provisória da própria vida: nenhum herdeiro de Adão e Eva jamais conseguiu ser tudo o que poderia ser. *Mutatis mutandis*, a promulgação (ou criação) da Constituição Federal, que teve lugar em 1988, continua e, num certo sentido, sempre continuará, dada a incontornável relatividade do pensamento hermenêu-

---

Soziale Rechtsstaat, Handbuch des Verfassungsrechts, Berlin-NewYork: Walter de Gruyter, 1983, p. 480: *"In diesem Sinne ist das Grundgesetz eine offene Verfassung. Allerdings handelt es sich nicht um eine absolute, sondern um eine relative Offenheit"* (*"Neste sentido, a Lei Fundamental é uma Constituição aberta. No entanto, não se trata de uma absoluta, mas de uma relativa abertura"*). Embora o termo *abertura* já fosse, há muito tempo, um substantivo bastante usado por outras ciências do espírito (na História e na Teoria dos Sistemas, por exemplo), só mais tarde, a partir das décadas de 40 e 50, é que, no campo do Direito, transformou-se, também, em um adjetivo capaz de caracterizar, junto com a noção de sistema, a essência do mundo jurídico. Fritz Schulz foi, talvez, um dos primeiros juristas a empregar a expressão *"open system"* (in *History of Roman Legal Science*. Oxford: At The Clarendon Press, 1953, p. 69). Vide, também, Juarez Freitas in ob. cit., p. 100.

tico. Conseqüentemente, num eterno vir-a-ser, a ordem jurídica se renova a cada exegese, não significando isso, porém, conformar-se o Direito, na esteira da concepção indutivo-tópica, com a idéia de sistema somente como conexão de problemas (Max Salomon).[127] O puro pensamento tópico, alheio a qualquer preocupação sistemática, transformar-se-ia em uma filosofia nômade avessa a todo sólido enraizamento ao chão. A realidade jurisprudencial repele essa caracterização do mundo jurídico como caótico feixe de problemas, afigurando-se mais precisa e promissora a definição do Direito como pauta de soluções,[128] já que estas, e não os isolados problemas, constituem a nota identificadora do fenômeno decisório. Como diria Kant, *"a mera multiplicidade sem unidade não nos consegue satisfazer"*.[129]

Mas não basta, abandonando a exógena e falaciosa pretensão de um *"sistema externo"* (Heck),[130] trazer os princípios, os valores e a própria hermenêutica (jurisprudência) para o centro de um sistema jurídico materialmente aberto, coerente e teleológico (Canaris).[131]

---

[127] Pertinente a crítica a Max Salomon feita por Claus-Wilhelm Canaris, in *Systemdenken und Systembegriff in der Jurisprudenz*. Berlin: Duncker & Humblot, 1983, § 2º, 4, a, pp. 29-31.

[128] Como já alertava Canaris, in ob. cit., § 2º, I, 4, a, p. 30, *"...o direito não é um somatório de problemas, mas, antes, um somatório de soluções de problemas,..."* (*"...das Recht ist nicht eine Summe von Problemen, sondern eine Summe von Problemlösungen,..."*).

[129] Kant, Immanuel, in *Logik*. Werkausgabe, Frankfurt am Main: Suhrkamp Verlag, 1974, vol. VI, p. 464 (A51): *"Blosse Mannigfaltigkeit ohne Einheit kann uns nicht befriedigen"*.

[130] Sobre a crítica à *"distinção entre sistema externo e interno"* (*"Unterscheidung zwischen dem 'ausseren' und 'inneren' System"*), vide Canaris, in ob. cit., § 2º, I, 6, pp. 35-40.

[131] Para Canaris, in ob. cit., § 2º, II, 2, p. 47, *"o sistema deixa-se, assim, definir como uma ordem axiológica ou teleológica de princípios gerais de Direito, na qual o elemento de adequação valorativa se dirige mais à característica de ordem teleológica e o da unidade interna à característica de princípios gerais"* (*"Das System lässt sich daher als eine axiologische oder teleologisches Ordnung allgemeiner Rechtsprinzipien definieren, wobei in dem Merkmal der teleogischen Ordnung mehr das Element der wertungsmässigen Folgerichtigkeit, in dem Merkmal der allgemeinen Prinzipien mehr das der inneren Einheit angesprochen ist"*).

Antes, é necessário pôr em destaque o elemento hierarquia sem o qual tudo submerge na irracionalidade. A hierarquia, mais material do que formal, prefigura e determina a construção do sistema, haja vista que as normas são sempre expressão de uma preliminar escolha axiológica, fundada na qual se erige a preeminência de um valor em relação a outro. Na esfera da conduta humana, em cuja seara se insere o fazer jurídico, nada tem lugar sem a mediação hierárquico-axiológica. Tal princípio consubstancia autêntico metacritério ordenador de todos os sistemas hermenêutico-jurídicos, em qualquer tempo e espaço: quem fala sistema ou hermenêutica, fala, necessariamente, hierarquização valorativa. Afinal, toda lei ou exegese pressupõe uma escolha, e qualquer escolha, implícita ou explicitamente, uma hierarquização hermenêutico-axiológica.

Contudo, a hierarquização não se opera somente no momento constitutivo do sistema, acompanhando-o, sobremaneira, na fase do *"decisum"* ou da aplicação do Direito. É por isso que a decisão jurídica não se deixa chumbar aos reduzidos limites da lógica formal, marcada pelo silogismo subsuntivo e pela separação entre sujeito e objeto, melhor ajustando-se ao silogismo dialético, onde a hierarquização ou escolha das premissas, raiz epistemológica da exegese, assume maior ênfase.[132] A hierarquização das premissas antecipa, logicamente, a solução do caso concreto, de sorte que *"o resto ... sobrevém ou deve sobrevir, por mero acréscimo, como uma implícita conseqüência da escolha feita".*[133] Como bem assinala Juarez Freitas, *"é a eleição da premissa de que tal ou qual princípio se constitui em cláusula pétrea que deverá...conduzir à declaração da inconstitucionalidade ou não da norma constitucional que supostamente o violou".*[134]

---

[132] Freitas, Juarez, in ob. cit., p. 37.

[133] Idem: in ob. cit., p. 38.

[134] Idem: in ob. cit., p. 37.

HERMENÊUTICA E SISTEMA JURÍDICO

Além disso, fica claro, mais uma vez, que a atividade hermenêutica, ultrapassando as concepções objetivistas, mostra-se co-integrante do próprio sistema. De forma bastante sintética, podem-se identificar três grandes períodos na história da exegese jurídica: o primeiro, preocupado com a função preeminente do legislador; o segundo, voltado para a força normativa dos textos legais e, o terceiro, mais atento aos direitos do intérprete. Nesse longo percurso - que vai da escola da exegese, passando pelos diversos positivismos, até a jurisprudência dos valores - a figura do intérprete, principalmente nas duas fases iniciais, sempre foi, de maneira estranha, a mais frágil. Diz-se estranha porque a ordem jurídica não tem vida apenas nos volumosos e empoeirados repertórios de legislação, mas, sobretudo, nas dinâmicas decisões da jurisprudência. Com efeito, *"to confuse law and legislation, and to see in legislation the exclusive source of law, is contrary to the whole Romano-Germanic tradition"*,[135] uma vez que *"...the law is found not only in the*

---

[135] David, René in *Major Legal Systems in the World Today*. London: Stevens & Sons, 1978, p. 95. São muitas e bastante eloqüentes as passagens em que René David enfatiza a indissociabilidade entre Direito e Interpretação. Já na abertura do seu *Major Legal Systems in the World Today*, não deixa, sem hesitação, de pôr em realce, como pressuposto de suas conclusões ulteriores, que *"Legislation (loi) may well have a national character but law (droit) is never to be identified with legislation alone"* (p.7). Partindo desta premissa, René David argumenta que *"the teaching of law is only possible because the law is constituted by something more than these changing rules"* (p.18). Com essa dicção, o nosso comparatista quer se reportar não só aos *"general principles of legislation"* (p.137) - visto que *"the laws of the Romano-Germanic family are still founded on principles, as the system implies"* (pp.92/93) -, mas, além disso, à circunstância de que o *"Law,..., cannot be sought exclusively in written texts"* (p.95). De acordo com René David, até *"The adherents of positivism have themselves abandoned the mythe of legislation, such as it was entertained in the nineteenth century; they now recognize the creative role of the judge;..."* (p.96). David não tem receio de consignar que *"Legislation forms no more than the skeleton of the legal order, and life is given to this skeleton largely by other factors. Legislation must not be considered in its texts alone and independently of its often very extensive interpretation which reveals the creative power of judicial decisions and doctrinal writings"* (pp.117/118). Conquanto não tenha a autoridade filosófica de outras conhecidas manifestações, o depoimento de René David assume especial relevância porque haurido do estudo e do contato íntimos com

legal rules formulated by the legislators but also in their judicial interpretation".[136] Para algumas mentes sensíveis, talvez constitua uma unilateral demasia ver no intérprete o mais autêntico e verdadeiro legislador. Todavia, não o será, por certo, afirmar que apenas com a mediação da hermenêutica o Direito se torna um objeto cognitivamente inteiro. Do ponto de vista epistemológico, para que o Direito ganhe visibilidade e concretude, o jurisprudente é tão necessário quanto o legislador. Uma palavra jamais subsistiria sem uma voz para pronunciá-la. Algo de parecido ocorre com o Direito: "*...the law can only be known through a search in which the legislators and all jurists participate*".[137] Como os princípios e as normas não se auto-interpretam, a voz da jurisprudência é a principal voz do sistema. Sem os intérpretes as leis seriam com os "*ídolos mudos*" satirizados por São Paulo (1 Cor., 12, 2). Não há como separar ou expulsar do ordenamento normativo-principiológico a tarefa interpretativa de revelá-lo. Sem dúvida, ao intérprete - e apenas ao intérprete - cabe o múnus de fazer a ordem jurídica falar. Inexiste sistema fora da constante e ativa participação do jurista-juiz-intérprete. É só na e pela unidade sistema-intérprete que o Direito vive e se perpetua. O que, em geral, se chama Sistema Jurídico não é exclusivamente o sistema, mas, sim, a unidade sistema-exegese. O legislador pode prover múltiplas leis, contudo todas serão letra pálida e estéril caso não recebam o sopro vitalizante do *fiat* hermenêutico. Fazendo coro com Robert Alexy, é imperioso, portanto, incorporar ao

---

diferentes tradições jurídicas. Tendo em vista o enfoque de Direito Comparado, não se trata de discurso prescritivo, mas de análise descritiva sempre amparada pela idoneidade empírica dos elementos de pesquisa. Em outras palavras, a força e a autenticidade teórica de seus argumentos decorrem, paradoxalmente, da sua, por assim dizer, laica despreocupação filosófica.

[136] Idem: in ob. cit., p. 92.

[137] Idem: in ob. cit., p. 98.

HERMENÊUTICA E SISTEMA JURÍDICO

conceito de sistema jurídico, sem mais tardança, aquilo que ele chama, na sua dimensão mais material do que formal, de *"procedimento de aplicação do direito"* (*"Prozedur der Rechtsanwendung"*). De acordo com Alexy, *"o plano das regras e dos princípios não proporciona um quadro completo do sistema jurídico. Nem os princípios, nem as regras, regulam, por si mesmos, a sua aplicação. Eles representam somente o lado passivo do sistema. Para se obter um modelo completo, é necessário, ao lado passivo, acrescentar o lado ativo, ligado ao procedimento de aplicação das regras e princípios"*,[138] ou seja, em linguagem mais acessível e ousada, a jurisprudência.

Destarte, avançando muito em relação às contribuições anteriores, conceitua-se o sistema jurídico, reproduzindo as palavras e o sentido teleológico do pensamento de Juarez Freitas, como uma rede hermenêutica, axiológica e hierarquizada de princípios, de normas, de valores jurídicos e, também, de decisões jurisprudenciais *"cuja função é a de, evitando ou superando antinomias, dar cumprimento aos princípios do Estado Democrático de Direito, assim como se encontram consubstanciados, expressa ou implicitamente, na Constituição".*[139]

---

[138] in *Recht, Vernunft, Diskurs*. Frankfurt am Main: Suhrkamp Verlag, 1995, p. 228: *"Prinzipien wie Regeln regeln ihre Anwendung nicht selbst. Sie stellen nur die passive Seite des Rechtssystems dar. Will man ein vollständiges Modell erhalten, so ist der passiven eine auf die Prozedur der Regel - und Prinzipienanwendung bezogene aktive Seite hinzuzufügen".*

[139] in ob. cit., p. 40. Para melhor aferir as vantagens do conceito de sistema jurídico aqui proposto, basta cotejá-lo com o de Claus-Wilhelm Canaris, já citado na nota nº 131.

4. Da formulação do conceito de interpretação sistemático-transformadora

Como não poderia deixar de ser, o conceito de sistema jurídico desenvolvido no capítulo 3, sempre tomando como ponto de partida a contribuição de Juarez Freitas, induz - tendo presente, mais uma vez, a inderrogável unidade hermenêutica entre sujeito e objeto[140] - simétrico e circular alargamento no de interpretação sistemática.[141] No campo do Direito, como em qualquer âmbito do conhecimento, nenhuma mudança se deixa isolar: tudo repercute em tudo. Uma vez assinalada a natureza aberta, axiológica e hierarquizada do sistema jurídico - formatado não somente por normas, mas, com primazia, por valores e princípios jurídicos - parece imperioso estender iguais características à interpretação sistemático-transformadora. Donde resulta - destacando a impecável precisão de Juarez Freitas - que *"interpretar uma norma é interpretar o sistema inteiro"*, pois *"qualquer exegese comete, direta ou indiretamente, uma aplicação de princípios gerais, de normas e de valores constituintes da totalidade do sistema jurídico"*.[142] Se o Direito é, em

---

[140] Vide o capítulo 2.

[141] Mais uma vez, adota-se, como linha condutora da exposição, *A Interpretação Sistemática do Direito*. São Paulo: Malheiros Editores, 1998, pp. 51-63, de Juarez Freitas.

[142] in ob. cit., p. 47.

HERMENÊUTICA E SISTEMA JURÍDICO

essência, sistema axiológico, sistemático-axiológica deverá ser, por igual, a sua exegese. Para conhecer o alcance das leis, dos princípios e dos valores, convém indagar o alcance teleológico do próprio sistema. É por essa razão que *"não se pode considerar a interpretação sistemática, ..., como um processo, dentre outros, da interpretação jurídica. ... Neste sentido, é de se afirmar, ..., que a interpretação jurídica* [ou] *é sistemática ou não é interpretação"*.[143]

No contexto do sistema jurídico e, por conseguinte, da hermenêutica jurídica, nada é absoluto - exceção feita ao princípio da hierarquização axiológica - motivo por que toda norma, princípio ou valor só revelará o seu verdadeiro preceito a partir do diálogo com as demais normas, princípios e valores jurídicos. O melhor significado legal ou principiológico há de ser recolhido, por assim dizer, da alteridade jurídica resultante do encontro finalístico das partes com a inteireza do sistema: *"The intention of the whole will control interpretation of parties"*.[144] Da mesma maneira que a filosofia contemporânea repudiou a razão monológica como expressão de um ultrapassado individualismo, também o Direito reprova essa espécie de solipsismo hermenêutico que isola a parte das finalidades axiológicas do todo. O Direito é posto como totalidade valorativa. Não como mera soma de partes, mas como permeável unidade ou centro de sentido (*"Sinn-heimat"*) a que estão ordenados e coordenados todos os seus fragmentos. Sistema e norma são, originária e funcionalmente, correlatos e, só nessa correlatividade, têm sentido e voz: o todo esclarece a parte, e a parte reflete o todo.[145] É como se cada dispositivo indivi-

---

[143] Idem: in ob. cit., p. 49.

[144] Kent, James, in *Commentaries on The Constitution of the United States*, 1873, vol. I, p. 461. No Direito Romano, o jurisconsulto Celso (*Digesto*, 1, 3, 24) já averbava: *"Incivile est, nisi tota lege perspecta, una aliqua particula ejus proposita, judicare, vel respondere"*.

[145] O conhecido poeta e filósofo alemão Novalis já dizia: *"...assim o todo esclarece a parte e a parte o todo"* (*"...so klärt das Ganze den Teil und der Teil das Ganze auf"* in *Novalis Werke*, München: C.H. Beck'sche Verlag, 1981, p. 71.

dual não passasse de flexível abreviatura ou *analogon* do plexo axiológico conformador da ordem jurídica, cuja unidade de sentido, ampliando-se *"em círculos concêntricos"*,[146] confirma a tese de que *"o movimento da compreensão vai constantemente do todo para a parte e desta devolta ao todo"*, de tal sorte que *"a concordância de cada particularidade com o todo é o correspondente critério para a justeza da compreensão"*.[147]

Assim, na gramática do Direito, as normas sempre desempenham o papel de orações subordinadas - e subordinadas ao sistema de princípios e valores constitucionais. Conseqüentemente, o lídimo processo hermenêutico exige a mediação dos preceitos singulares através da unidade substancial e teleológica do sistema. Cada trama da rede jurídica se tece, hermenêutica e sistematicamente, a partir das demais tramas constitutivas do sistema. Até a força dos princípios só se deixa conhecer através da sua capacidade de ler outros princípios, liberando, pelo contraste, a energia axiológica de seus opostos. Também por esse motivo, nenhum princípio ou norma é um princípio ou uma norma sem a recíproca influência dos demais princípios e normas. Com efeito, é pelo vigor da mescla que eles descobrem a sua real identidade. Como anota Esser, mesmo em sua dimensão heurística, *"nenhum princípio atua por si só..., senão que unicamente possui força constitutiva ou valor constitutivo em união com o conjunto do ordenamento conhe-*

Numa perspectiva convergente, Theodor W. Adorno in *Aufsätze zur Gesellschaftstheorie und Methodologie*, Frankfurt am Main: Suhrkamp Verlag, 1970, p. 111, pondera: *"Sistema e particularidade são recíprocos e apenas se conhecem em sua reciprocidade"* (*"System und Einzelheit sind reziprok und nur in ihrer Reziprozität zu erkennen"*). Vide, ainda, como inegável fonte de inspiração desses citados pronunciamentos, G. W. F. Hegel in *Wissenschaft der Logik*, Frankfurt am Main: Suhrkamp Verlag, 1991, tomo 6, vol. II, p. 169.

[146] Gadamer, Hans-Georg, in *Wahrheit und Methode*. Tübingen: J.C.B. Mohr (Paul Siebeck),1990, p. 296: *"...Konzentrischen Kreisen..."*.

[147] Idem: in ob. cit., p. 296: *"So läuft die Bewegung des Verstehens stets vom Ganzen zum Teil und zurück zum Ganzen. ... Einstimmung aller Einzelheiten zum Ganzen ist das jeweilige Kriterium für die Richtigkeit des Verstehens"*.

HERMENÊUTICA E SISTEMA JURÍDICO

cido, dentro do qual lhe cabe uma função bem determinada".[148] Assim, de forma ativa e reativa, a interpretação sistemático-transformadora do Direito obriga cada princípio, precedente jurisprudencial, valor ou norma jurídica a dar o máximo de si, descobrindo o seu mais rico potencial axiológico através da sempre integradora e mútua influência de todos os elementos constituintes da ordem jurídica. O fragmento - seja principiológico, seja normativo - jamais há de coarctar o conjunto. Um isolado princípio, norma ou valor jurídico não se pode converter, num misto de idolatria e rigidez, em cláusula espoliativa dos anelos sistemático-axiológicos do sistema. Aplicar a lei significa, pois, aplicar a alma hierárquica e finalística do Direito, já que *"ao intérprete incumbe...dar sistematicidade à norma, vale dizer, colocá-la, formal e substancialmente, em harmonia com o sistema jurídico, concepcionado e pressuposto como garantidor da coexistência das liberdades e igualdades no presente vivo em que se dá a operação hermenêutica"*.[149]

---

[148] in *Grundsatz und Norm*. Tübingen: J.C.B. Mohr (Paul Siebeck), 1990, p. 69: *"Kein Prinzip wirkt für sich allein..., sondern es hat konstitutive 'Kraft' onder konstruktive Wert nur in Verbindung mit einem anerkannten Ordnungszusammenhang, in welchem es eine eindeutige Funktion hat"*. É por esse motivo que o Prof. Luiz Edson Fachin, in *Da Paternidade - Relação Biológica e Afetiva*, Belo Horizonte: Livraria Del Rey Editora, 1996, p. 121, sustenta que *"a partir daí (isto é, com base nos princípios superiores) devem ser interpretados e mesmo integrados os preceitos atinentes ao Direito de Família"*.

[149] Freitas, Juarez in ob. cit., p. 50. Enfocando o tema da interpretação constitucional, Konrad Hesse, adotando linha de reflexão complementar, escreve: *"A relação e a interdependência dos isolados elementos da Constituição fundam a necessidade de nunca contemplar apenas a norma isolada, mas sempre também o contexto global em que ela está situada. Todas as normas constitucionais devem ser assim interpretadas, para que as contradições com outras normas constitucionais sejam evitadas. Só tal solução coerente com esse princípio é que se mantém em harmonia com as decisões fundamentais da Constituição e livre das unilaterais limitações dos aspectos particulares"* (*"Der Zusammenhang und die Interdependez der einzelnen Elemente der Verfassung begründen die Notwendigkeit, nie nur auf die einzelne Norm, sondern immer auch der Gesamtzusammenhang zu sehen, in den sie zu stellen ist; alle Verfassungsnormen sind so zu interpretieren, dass Widersprüche zu anderen Verfassungsnormen vermieden werden. Nur eine solche Problemlösung entspricht diesem Grundsatz, die sich im Einklag mit den Grundentscheidung der Verfassung und frei von einseitiger beschränkung auf Teilaspekte hält"*; ob. cit., p. 28).

Acima da letra, articulada no texto normativo, paira o *telos* sistemático-valorativo, que a infiltra e conjuga às fundantes e superiores diretrizes constitucionais. Lançando sobre o Direito uma luz convergente vinda de diferentes lugares axiológicos, toda interpretação ultima, portanto, um certo controle de sistematicidade (=controle de constitucionalidade),[150] por cujos méritos se concilia a norma particular com os fins máximos do ordenamento jurídico. Como diria o genial e tantas vezes injustiçado Bacon, a presumida heterogeneidade dos dispositivos singulares não é real, pois a identidade de cada específico estatuto não passa, sob o foco axiológico, de *"mera modificação de uma natureza comum"*. Em todo sistema jurídico, há como que uma *"instância de aliança ou união"* (*"Instantia Foederis sive Unionis"*), que, em ritmo ascensional, conduz o atento exegeta do patamar inferior das diferenças para o plano superior das identidades, sublimando, por tal senda, o fantasma e o simulacro dos supostos elementos dissociados e dissociantes.[151] Assim, não há dúvida de que as normas singulares estão destinadas a funcionar, na perspectiva dos princípios e valores jurídicos, como uma projeção do sistema em escala reduzida.

Essas considerações preponderam com mais intensidade quando se percebe que os inúmeros e conhecidos critérios de interpretação não passam de fragmentos de um mesmo e principal critério: o sistemático-axiológico. Através dos traços peculiares a cada procedimento, um fio contínuo preserva ilesa a perpetuidade da *"força sistematizante"*[152] comum a todos. Com efeito, chegou o

---

[150] Freitas, Juarez, in ob. cit., p. 171.

[151] Bacon, Francis, in *Novum Organum*. Great Books of The Western World, Chicago: Encyclopaedia Britannica, 1952, vol. 30, p. 162: *"... mere modification of a common nature"*.

[152] Freitas, Juarez, in ob. cit., p. 52. Sobre os métodos de interpretação jurídica, vide Paul Amselek, in *Interpretation et Droit*. Brylant/Bruxelles: Presses Universitaires d'Aix-Marseille, 1995; Karl Larenz, in *Metodologia da Ciência do Direito*. Tradução de José Lamego, Lisboa: Fundação Calouste

momento de se vencer o velho preconceito, tantas vezes repetido pela eloqüência de Esser,[153] Larenz[154] e até Alexy,[155] segundo o qual ainda não seria possível estabelecer uma *"ordenação hierárquica"*[156] entre os vários métodos de exegese do Direito. Desmentindo o veredicto da doutrina, a interpretação sistemática, sendo a relação entre as relações, figura como o cânone de todos os cânones de interpretação, isto é, a forma mais completa e complexa de leitura, onde as múltiplas variáveis integrantes do sistema jurídico, cada qual com suas próprias particularidades, descobrem-se a si mesmas no encontro com as demais. A interpretação sistemático-axiológica põe em evidência que o sistema já também vigora no plano da literalidade. É precisamente esse viés hermenêutico, entendido como visão aglutinadora, que, atravessando-o e perpassando, desde sempre aproxima e unifica o sentido literal com a sua intrínseca dimensão

---

Gulbenkian, 1989; Norbert Achterberg, in *Allgemeines Verwaltungsrecht*, Heidelberg: Decker & C.F. Müller, 1985, pp. 24-31; Maunz, Theodor e Zippelius, Reinhold, in *Deutsches Staatsrecht*. München: C.H. Beck'sche Verlagsbuchhandlung, 1982, pp. 41-44; Drier, Ralf e Schwegmann, Friedrich, in *Problem der Verfassungsinterpretation*, Baden-Baden: Nomos Verlagsgesellschaft, 1976. Bodenheimer, Edgar, in *Jurisprudence - The Philosophy and Method of the Law*, London: Harvard University Press, 1974, pp. 404-443; Häberle, Perter, in *Hermenêutica Constitucional*. Tradução de Gilmar Ferreira Mendes, Porto Alegre: Sergio Antonio Fabris Editor, 1997; Maximiliano, Carlos, in *Hermenêutica e Aplicação do Direito*. Rio de Janeiro/São Paulo: Livraria Freitas Bastos S.A., 1957.

[153] De acordo com Esser, in *Precomprensione e scelta del metodo nel di individuazione del diritto*. Tradução de Pietro Perlingieri, Camerino: Scuola di perfezionamento in diritto civile dell'Università di Camerino, 1983, p. 121, *"... la speranza di poter dimonstrare una classificazione a gradini 'nella sequenza dei momenti interpretativi' è condannata a naufragare"*.

[154] Para Larenz, in ob. cit., p. 417, também *"não existe qualquer relação hierárquica fixa"* entre os critérios de interpretação.

[155] Ainda com respeito à hierarquia entre os métodos de exegese, segundo Alexy, in *Theorie der juristischen Argumentation*. Frankfurt am Main: Suhrkamp Verlag, 1996, p. 19, *"isso até hoje ainda não foi conseguido"* (*"Dies ist jedoch bis heute nicht gelungen"*).

[156] Alexy, in ob. cit., p. 19: *"...Rangordnung"*.

sistemática. Para usar uma figura de linguagem aristotélica,[157] a interpretação sistemática abraça o sistema jurídico com um olhar de conjunto, encontrando, na perspectiva e na escala do todo, o seu horizonte ótimo. Assim, uma vez que *"todo processo hermenêutico é sistemático e sistematizante"*,[158] isto dá argumentos a Juarez Freitas para definir a interpretação literal[159] como apenas

---

[157] Aristóteles, in *Topica et Sophistici Elenchi*. Oxford: Oxford Classical Texts, 1989 (163, b, 10), p. 186.

[158] Freitas, Juarez in ob. cit., p. 51.

[159] Schelling, F. W., in *Philosophische Untersuchungen über das Wesen der mennschlichen Freiheit*. Schellings Werke, München: C.H. Beck'sche Verlagsbuchhandlung, 1958, vol. IV, p. 49, negava que a finitude fosse, por ela mesma, um mal. Nas suas palavras, *"o mal não provém da finitude em si, mas da finitude que se eleva a um si-mesmo"*. A mesma lógica vale para a interpretação gramatical ou literal: ela será um mal apenas quando, olvidando o conjunto axiológico maior, transformar-se em um *"si-mesmo"* arrogante e assistemático. Ainda com relação à crítica da interpretação literal, vide, à guisa de precedente histórico, Santo Agostinho, in *On Christian Doctrine*, Great Books of the Western World, Chicago: Encyclopaedia Britannica, 1952, vol. 18, liv. III, cap. 5, pp. 659-660. Santo Agostinho, também no plano hermenêutico, predicava aos exegetas que ascendessem da letra ao conteúdo, da carne ao espírito. Inspirado pela célebre passagem de São Paulo (*"A letra mata, o espírito vivifica"*; *"littera enim accidit, Spiritus autem vivificat"*, 2Cr, 3, 6), Santo Agostinho reprovava a interpretação literal quando mero produto de um *"pensar carnal"* (*"understood in a carnal manner"*; in ob. cit., p. 660). Para ele *"coisa alguma pode ser chamada com mais exatidão de morte da alma do que a submissão da inteligência à carne, segundo a letra, pois é pela inteligência que o homem é superior aos animais. Com efeito, um homem que segue só a letra toma como próprias as expressões metafóricas, e nem sabe dar significação verdadeira ao que está escrito com palavras próprias"* (in ob. cit., p. 660). Mas Santo Agostinho vai além, curvando-se já ao imperativo sistemático de interpretar a Bíblia pela Bíblia: *"Nas passagens mais claras se há de aprender o modo de entender as obscuras"* (*"Now from the places where the sense in which they are used is more manifest we must gather the sense in which they are to be understood in obscure passages"*; in ob. cit., liv. III, cap. 26, 37, p. 667). E, mais adiante, completa: *"Quando das mesmas palavras da Escritura são tirados não somente um, mas dois ou mais sentidos - ... - não há perigo de se adotar qualquer deles. Sob a condição, porém, de se poder mostrar, através de outras passagens das Santas Escrituras, que tal sentido combina com a verdade"* (*"When, again, not some one interpretation but two or more interpretations are put upon the same words of Scripture, even though the meaning the writer intended remain undiscovered, there is no danger if it can be shown from others passages of Scripture that any of the interpretations put on the words is in harmony with the truth"*; in ob. cit., liv.III, cap. 27, 38, p. 667). Em síntese, para Santo Agostinho, o olhar hermenêutico deve buscar confirmação no *"testemunho concorde [isto é, sistemático] da Escritura"* (*"testimonies*

a primeira e mais singela etapa da hermenêutica jurídica, da qual a interpretação conforme a Constituição representa o derradeiro e mais refinado propósito de coerência sistemática.[160] Acima do sentido que se conhe-

---

sought out in every portion of the same Scripture"; in ob. cit., p. 190). Essa reprimenda à pura literalidade Agostinho igualmente a herdou de Orígenes e, por conseguinte, da Escola de Alexandria. Fiel discípulo de Clemente, Orígines distinguiu-se, sobretudo, pelos seus trabalhos exegéticos, procurando, mais e mais, aprofundar o patrimônio espiritual das Escrituras. Seu confessado propósito era *"especular a palavra de Deus"* (Philotheus Boehner - Étienne Gilson in *História da Filosofia Critã*, Tradução de Raimundo Vier, Petrópolis: Editora Vozes, 1982, p. 51), cavando *"cisternas no chão das Escrituras para nos abeberarmos e darmos de beber aos outros"* (in ob. cit., p. 51). De acordo com o grande Orígines, a Bíblia comporta, para além do literal, um mais alto e abrangente sentido espiritual. É por esse motivo que o autêntico trabalho de interpretação - em nítida identidade com a idéia de que o sentido literal é apenas o primeiro fragmento do sentido sistemático - tem por tarefa buscar libertar o espírito sob a letra: *"A despretensiosidade da letra nos conduz à preciosidade da compreensão espiritual"* (*"Unde vilitas litterae ad pretiositatem nos spiritualis remittit intelligentiae"*; in ob. cit., pp. 53-54). À sua vez, São Boaventura, abertamente influenciado por Santo Agostinho (vide *Obras Escolhidas*, Tradução bilíngüe de L.A. de Boni, Porto Alegre: Co-edição EST, Sulina e UCS, 1983, § 6, 3, p. 14), dizia que *"sob o invólucro da letra clara, oculta-se o sentido místico e profundo para abater a soberba, para que, com a profundidade latente na humildade da letra, sejam abatidos os soberbos, repelidos os imundos, afastados os fraudulentos, e os negligentes levados à compreensão dos mistérios"* (*"Ideo sub cortice litterae apertae occultatur mystica et profunda intelligentia ad comprimendum superbiam, ut ipsius profunditate in humilitate litterae latente et superbi comprimantur, et immundi repllantur, et fraudulenti declinentur, et negligentes excitentur ad intelligentiam mysteriorum"*; in ob. cit., § 4, 3, p. 11). Além do literal, São Boaventura localizava, assim, três outros sentidos na Escritura: o alegórico (*"allegorice"*), o moral (*"moraliter"*) e o anagógico (*"anagogice"*). De sorte que, para ele, a *"escritura...encerra, na unidade da letra, a triformidade do sentido"* (*"Scriptura...habet in unitate litterae triformitatem intelligentiae"*; in ob. cit., § 4, 2, p. 10). Contudo, o Doutor Seráfico tem o mérito adicional de alertar para a circunstância de que *"assim como aquele que despreza aprender os primeiros elementos da dicção jamais poderá conhecer nem o significado das dicções, nem a lei correta das construções, do mesmo modo, aquele que despreza a letra da Sagrada Escritura nunca atingirá seus sentidos espirituais"* (*"Unde sicut qui dedignatur prima addiscere elementa, ex quibus dictio integratur, nunquam potest noscere nec dictionum significatum nec rectam legem constructionum; sic qui litteram sacrae Scripturae spernit ad spirituales eius intelligentias nunquam assurget"*; in ob. cit., § 6, 1, p. 13). Em outras palavras, quem desconhecer as partes, jamais conhecerá o todo sistemático.

[160] Freitas, Juarez, in ob. cit., p. 53. Segundo Konrad Hesse, in ob. cit., p. 32, *"o princípio [da interpretação conforme a Constituição] funda raízes no princípio da unidade do ordenamento jurídico: em função dessa unidade, as leis emanadas sob a*

ce pela vibração das sílabas e palavras, há, pois, o sentido sistemático do qual o literal é apenas o menor fragmento precursor. À literalidade, por muita que seja a nitidez com que soa, por notável que se afigure a clareza com que brilha, prefere, pela sua incomparável abrangência, o sentido axiológico-sistemático que àquela anima e vivifica. Pela interpretação sistemático-transformadora, consegue-se enxergar mais além do sentido literal, não para desconsiderá-lo, senão que para compreendê-lo melhor, integrando-o, materialmente, ao horizonte e ao núcleo axiológico do sistema jurídico. Uma coisa é a letra, outra, o aberto sistema que a acolhe, orienta e renova. O sentido literal conota, por conseguinte, o nível zero[161] do sentido sistemático, o que importa em reconhecer que, na falta do grau mínimo do significado literal, jamais se atingirá o grau máximo do sentido sistemático.

Ademais, do plano lógico e teleológico dessas premissas, resulta claro que "*a missão principal da hermenêutica reside não em tratar o intérprete como apenas passivamente reagente a um sistema posto, mas, sim, em cuidar de prepará-lo para o árduo, penoso e nem sempre bem efetuado exercício de vigilância contínua quanto à conformidade fundamental de suas decisões e subsunções normativas ao sistema jurídico vigente*".[162] Desse modo, se é verdade que "*o intérprete sistematiza, embora não crie Direito*",[163] não menos verdadeiro se mostra que, na tarefa de sistematização, o intérprete "*faz escolhas*", isto é, hierarquiza normas, prin-

---

vigência da Lei Fundamental devem ser interpretadas em consonância com a Constituição,..." ("Der Grundsatz findet seine Wurzel vielmehr in dem Prinzip der Einheit der Rechtsordnung: um dieser Einheit willen müssen Gesetze, die unter der geltung des Grundgesetzes erlassen worden sind, im Einklag mit der Verfassung ausgelegt...").

[161] Como diz Umberto Eco, in *I Limiti dell'Interpretazione*. Milano: Bompiani, 1990, p. 143, é preciso partir "*dal principio che esista un grado zero del linguagio...*".

[162] Freitas, Juarez, in ob. cit., p. 51.

[163] Idem: in ob. cit., p. 51.

HERMENÊUTICA E SISTEMA JURÍDICO

cípios e valores, sempre *"em atenção às multifacetadas exigências da vida real, dinâmica e insuperável em desafiar lógicas estritas"*.[164]

Assim, sem nunca esquecer que, na hermenêutica, cada desfecho sempre conduz a um eterno recomeço, o sistema se oferece, nessa exata proporção, como o fundamento a partir do qual o intérprete pode, numa espiral sem limites e, a cada leitura, mais rica, continuar sistematizando e ressistematizando sobre a base maleável do já sistematizado. O intérprete, nem completo visionário, nem completo autômato, se não cria, pelo menos recria o sistema jurídico, deixando para trás os extremos lógicos do subjetivismo da *libre recherche* e do objetivismo das *rationes legis*.[165] Parece lícito pensar, portanto, que a mais importante abertura para o novo tem raízes justamente nessa recorrente tarefa de repensar o já pensado. Dito de outro modo, a hermenêutica só consegue realmente renovar o sistema jurídico, obedecendo-lhe à aberta sistematicidade. Toda a sistematização produz, de forma simultânea, uma ressistematização, ou seja, uma autêntica e não-arbitrária transformação ... É por esse motivo que a exegese hierárquico-axiológica, sempre guiada pelas *"energias configuradoras"*[166] do controle social, da tradição doutrinária e do arejamento jurispru-

---

[164] Idem: in ob. cit., p. 51. Cumpre notar, entretanto, que o intérprete, quando faz escolhas, nunca as realiza de modo totalmente discricionário, muito menos arbitrário, mas sempre vinculado às diretrizes lógicas e axiológicas do sistema. Como bem leciona Emilio Betti, in *Teoria Generale della Interpretazione*, Milano: Dott. A. Giuffrè-Editore, 1955, Vol. II, p. 822: *"L'appiattirsi della funzione giurisdizionale al livello della discrezionalità non è punto giustificato dalla presenza di questo momento assiologico: giacchè l'apprezzamento interpretativo rimane pur sempre vincolato e subordinato alla linea di coerenza logica e assiologica che si demostra immanente all'ordine giuridico considerato nella sua organica totalità"*.

[165] Esser, Josef in ob. cit., pp. 84-85: *"Unser axiomatisch verwöhntes Zivilrechtsdenken schwankt zwischen der Illusion blosser Gesetzeanwendung und rein logischer Auswertung vermeintlich stets vorhandener rationes legis und der ebenso verhängnisvillen Illusion einer 'Schöpfung' des Rechts aus 'seinen' Prinzipien im Wegen der 'libre recherche'"*.

[166] Idem: in ob. cit., p. 85: *"...Gestaltungskräfte..."*.

dencial, promove não só o resguardo das propriedades valorativas e globais do sistema, mas, também, a sua constante ampliação desde os próprios alicerces. É como se o sistema nem simplesmente preexistisse, nem livremente fosse criado, senão que se apresentasse, a rigor, como o resultado hermenêutico e prudencial da inderrogável *"cooperação entre liberdade e vinculação"*.[167] Em outras palavras, o Direito - sempre pressuposta a sua origem democrática e a influência condutora do núcleo essencial das cláusulas pétreas - consegue transcender-se a partir de dentro. Nesse eterno fazer e refazer de seu projeto sistemático inconcluso, a interpretação realiza a atualização lógica do sistema na singularidade viva do caso concreto. Vale afirmar, o princípio da hierarquização axiológica, conectado às noções de abertura e de interpretação sistemático-transformadora, possibilitam, hermeneuticamente, o ir além do sistema dentro e com o sistema ou, para homenagear a linguagem profética de Jhering, *"fournit la possibilité d'accroître le droit au moyen du droit lui-même..."*.[168] Numa frase, o intérprete se torna livre na e para a sistematização.

Como intuía Aristóteles, já não é o reprovável voluntarismo de um homem isolado, mas a ação sistemático-sistematizante de um *"princípio racional"* (*"logon"*) que, desde o âmago do ordenamento jurídico (*ab intra*), renova-o sem jamais afrontá-lo.[169] Isso significa, de outra parte, que a interpretação hierarquizadora, sem qualquer dúvida, integra e constitui o sistema jurídico.

---

[167] Idem: in ob. cit., nota nº 244, p. 85: *"...Zusammenwirken von Freiheit und Bindung..."*.

[168] in *L'Esprit du droit Romain*. Paris: Librairie Marescq Ainé, 1887, vol. I, § 3º, p. 40.

[169] Aristóteles, in *Ethica Nicomachea*. Oxford: Oxford Classical texts, 1988, pp. 2 (1095a10) e 102 (1134b). Traduziu-se *"logon"* por *"princípio racional"* na esteira da tradução inglesa de W.D. Ross ("*rational principle*"). R. von Jhering, à sua vez, in ob. cit., vol. III, p. 77, já dizia que *"le système est une source intarissable de matière nouvelle"*. Seria ainda melhor se houvesse dito, na linha do que se sustenta neste trabalho, que o sistema sempre constitui uma fonte inesgotável de novas possíveis sistematizações e ressistematizações.

Como não há separação possível entre sujeito e objeto,[170] o sistema, necessária e inclusivamente, supõe e acolhe, no mais íntimo de seu íntimo, o ato interpretativo de refletir sobre suas próprias regras e princípios. Cada exegese nada mais representa do que o percurso por via do qual o sistema busca, sempre e incessantemente, coincidir consigo mesmo. O momento hermenêutico, como processo aberto de sistematização e totalização reflexiva, figura, portanto, como a última etapa alcançada pelo sistema em seu constante e substancial movimento de autocriação e auto-revelação. Nessa visada, a exegese vem a ser aquela atividade tópico-sistemática em cujo desenrolar o universo jurídico se pensa, transmuta e desvela a si mesmo. Em linguagem hegeliana, toda hermenêutica articula uma interna e reiterada *"aufhebung"* através da qual o sistema se conserva e supera. De fato, o intérprete não se limita tão-só a expor, de forma burocrática e descritiva, o ordenamento jurídico. Ele o igualmente conforma e renova na plena convicção de que a história do sistema só se dá a conhecer como história - também ela hermenêutica - de suas melhores e mais sistemáticas interpretações.

Nessa perspectiva ampliadoramente sábia e realista, o Direito não se deixa então sufocar nem pelos horizontes fechados do sistema axiomático-dedutivo, tampouco pelo horizonte unidimensional das exegeses literais. Na ótica lúcida e renovadora desbravada pela interpretação sistemático-transformadora (Juarez Freitas), fica claro, sem espaço para dúvidas, que o Direito, como um sistema aberto, oferece ao jurista-intérprete um grande e axiológico reservatório de possibilidades e mudanças seminais, de modo que a única interpretação fiel a si mesma é a que, fundindo os horizontes jurídicos[171]

---

[170] Vide o capítulo 2.

[171] A expressão *"fusão dos horizontes"* (*"Horizontverschmelzung"*) é, como se sabe, tomada de empréstimo ao já tantas vezes citado Hans-Georg Gadamer in ob. cit., pp. 311 e ss., 380 e 401.

num todo aberto, exterioriza-se como sistemático-teleológica *"e, em razão disso, hierarquizadora"*.[172] Por outros termos, *" a interpretação sistemática deve ser definida como uma operação que consiste em atribuir a melhor significação, dentre várias possíveis, aos princípios, às normas e aos valores jurídicos, hierarquizando-os num todo aberto, fixando-lhes o alcance e superando antinomias, a partir da conformação teleológica, tendo em vista solucionar os casos concretos"*.[173] Em síntese, a interpretação sistemático-transformadora funciona como um saber congraçador, que procura a convergência de tudo através de tudo, para que nenhum princípio, norma, valor ou precedente jurídico se isole dos demais, para que cada um se possa juntar aos outros, e todos possam atuar, mais e sempre, como um conjunto sistemático, aberto e substancial.

---

[172] Freitas, Juarez, in ob. cit., p. 53.

[173] Idem: in ob. cit., p. 54. Nessa definição ampliada de interpretação sistemática, a exegese dos princípios adquire importância decisiva, razão pela qual Juarez Freitas, citando Kant, alerta para o fato de que *"o erro na formulação dos princípios é sempre o erro mais grave"* (ob. cit., p. 168). O risco de equívoco ou omissão no manuseio dos vários princípios também não escapou ao espírito agudo de Pascal, in *Pensées*, Oeuvres Complètes, Paris: Éditions Seuil, 1963, (512-1), p. 576: *"Ora, a omissão de um princípio conduz ao erro; cumpre, pois, ter uma visão muito nítida para ver todos eles, e, além disso, um espírito justo para não raciocinar em falso sobre princípios conhecidos"*; (*"Or, l'omission d'un principe mène à l'erreur; ainsi il faut avoir la vue bien nette pour voir tous les principes, et ensuite l'esprit juste pour ne pas raisonner faussement sur des principes connus"*). Antes de todos, o velho Aristóteles já alertava: *"o princípio, como se costuma dizer, é a meta do todo, de tal forma que mesmo um pequeno erro no princípio tem uma influência proporcionalmente maior sobre os estágios subseqüentes dos acontecimentos"* (in Política, ob. cit. 1304 a).

5. Do enfrentamento das antinomias jurídicas

Desta profunda mudança nas noções de sistema jurídico (capítulo 3) e de interpretação sistemática (capítulo 4) promovidas por Juarez Freitas, decorre, outrossim, a nova inflexão que, como conseqüência lógica direta, tem de ser oferecida ao conceito de antinomia jurídica.[174] Por muito tempo, a doutrina (Kelsen, Bobbio e outros),[175] com algumas variações estilísticas e metodológicas, circunscreveu as contradições jurídicas apenas ao conflito entre normas, o que, em senso comum, destoa da experiência viva do Direito, repleta de contrastes substancialmente valorativos. Todavia, em desabono a esse discurso dedutivo-normativista - sem olvidar jamais o escopo de mínima racionalidade do sistema - evoca-se o dado factual sinalizando, mais precisamente, o acontecimento de atritos entre princípios ou valores jurídicos. A estrutura normativa é uma simples aparência escondendo a genuína realidade. E a realidade, no quadro da *praxis* jurídica, são os valores e os princípios. Debaixo e acima dos códigos, que se vêem e tocam, há os princípios e os valores que, muitas vezes,

---

[174] Retomando a lógica de exposição até aqui adotada, este capítulo guarda simetria com o terceiro de *A Interpretação Sistemática do Direito*. São Paulo: Malheiros Editores, 1998, pp. 64-79, de Juarez Freitas.

[175] Vide Hans Kelsen, in *Teoria Geral das Normas*. Tradução de Florentino Duarte, Porto Alegre: Sergio Antonio Fabris, 1986, p. 157; Norberto Bobbio, in *Teoria do Ordenamento Jurídico*. Trad. de Cláudio Cicco e Maria Santos, São Paulo/Brasília: Polis/Editora da Universidade de Brasília, 1989, pp. 80-88.

HERMENÊUTICA E SISTEMA JURÍDICO

não se sentem ou enxergam. A bem dizer, as normas se assemelham a disfarces, de sorte que a verdadeira "lei" está por trás das leis, constituindo erro crasso tomar a forma externa pelo ente real. Eis, portanto, rompendo com a indolência das análises epidérmicas, a surpresa reservada pela interpretação sistemático-transformadora às antinomias jurídicas: as normas dilatam-se até os princípios; os princípios, até os valores, resultando daí a certeza de que qualquer choque entre normas ou princípios denuncia, contra a opinião corrente, um palpável duelo axiológico. Ainda quando se fale em antinomias entre normas, o que tem lugar, em concreto e para além das aparências, é o embate entre princípios ou valores, uma vez que as normas constituem, tão apenas, o móvel exterior empregado pelo sistema para conferir vida e viabilidade aos ideais axiológicos do Estado Democrático de Direito. No universo jurídico, às antinomias normativas inerem, organicamente, antinomias valorativas ou principiológicas. Como máscara, todo formal conflito entre regras encobre, em verdade, um substancial e autêntico conflito entre princípios ou valores jurídicos. Assim, em cada antinomia formal coabita, como seu pressuposto determinante, uma antinomia substancial. Se se preferir outra dicção, só há incompatibilidades entre as normas *"porque aí sucedem contradições simultâneas de valores ou de princípios"*.[176]

Desse modo, superando os paradigmas anteriores, cumpre definir *"as antinomias jurídicas como sendo incompatibilidades possíveis ou instauradas, entre normas, valores ou princípios jurídicos, pertencentes, validamente, ao mesmo sistema jurídico, tendo de ser vencidas para a preservação da unidade interna e coerência do sistema e para que se alcance a efetividade de sua teleologia constitucional"*.[177]

---

[176] Freitas, Juarez, in ob. cit., p. 62.

[177] Idem: in ob. cit., p. 62.

Mas é no campo dos métodos para vencer tais antinomias que a contribuição da Interpretação Sistemático-Transformadora do Direito credencia-se como mais intensa e elucidativa. Os sistemas jurídicos em geral, como forma de dar cobro à enfermidade antinômica, cunharam, desde longes tempos, metacritérios como o de cronologia,[178] superioridade[179] e especialidade,[180] por

[178] Com relação ao metacritério cronológico, a diretiva mais acatada foi quase sempre a de que *"lex posterior derogat legi priori"* (Francisco Suarez, in *Tractatus de Legibus ac Deo Legislatore*, Madrid: Instituto de Estudios Políticos, 1968, edición bilíngüe, vol. IV, p. 766) ou, como preferem alguns, a de que *"leges posteriores priores contrarias abrogant"* (William Blackstone, in *Commentaries on the Laws of England*, Chicago & London: The University of Chicago Press, 1979, vol. I, pp. 59 e 89). Todavia, cumpre notar que a regra nem sempre foi nesse sentido. No período em que religião e direito formavam um todo indissociável (*"Jurisprudentia est rerum divinarum atque humanarum notitia"*), hierarquizou-se a lei antiga em detrimento da lei nova. Como recorda Fustel de Coulanges, in *A Cidade Antiga*, tradução de Souza Costa, Lisboa: Livraria Clássica Editora, 1929, p. 301, *"no início a lei era imutável, por divina. Deve notar-se que nunca se revogavam as leis. Podiam-se fazer leis novas, mas as antigas subsistiam sempre, por maior que fosse a contradição que houvesse entre elas. O código de Dracon não ficou abolido pelo de Solon, nem as Leis Reais pelas Doze Tábuas"*. Sobre esse tema, vide, ainda, P. Krüger, in *Histoire des Sources du Droit Romain*, Paris: Thorin & Fils Éditeurs, 1894, pp. 26-27.

[179] Sobre o metacritério de superioridade (*"lex superior derogat legi inferior"*), do qual resulta, entre outros, os princípios de que *"Bundesrecht bricht Landesrecht"* e *"Staatliches Recht bricht autonomes Recht"*, vide Norbert Achterberg, in ob. cit., p. 29, bem como Hans J. Wolff e Otto Bachof, in ob. cit., [§ 26], pp. 139-142.

[180] O Direito, segundo divisão herdada do direito romano, tem duas esferas de aplicação: uma geral (*"jus commune"*), outra especial (*"jus singulare"*). Por razões de interesse público, em paralelo ao direito geral, criou-se, para certas situações particulares da vida, um ordenamento mais conveniente e ajustado às exigências das relações jurídicas (*"jus singulare est, quod contra tenorem rationis propter aliquam utilitatem auctoritate constituentium introductum est"*; Paulus, in *Digesto*, 1, 3, 16). Assim, às regras e aos metacritérios de exegese, sempre andou entrelaçado, por uma tradição bastante recuada, o princípio de que *"lex specialis derogat legi generali"* ou, como formulam outros, *"lex posterior generalis non derogat legi priori speciali"* (Karl Gareis, in *Introduction to the Science of Law*, Tradução de Albert Kocourek, New York: Augustus M. Kelley - Publishers, 1968, p. 90). Desde Roma (*"jure speciem generi derogare"*; Papinianus, in *Digesto*, 50, 17, 80 e 48, 19, 41), passando pelo pensamento escolástico (*"Generi per speciem derogatur"*; Francisco Suarez, in ob. cit., p. 767), até chegar aos nossos dias, a orientação foi a mesma: *"o direito especial tem primazia sobre todo o direito geral"* (*"Darum hat das besondere (spezielle) Recht den Vorrang vor allem gemeinen Recht"*; Otto von Gierke in *Deutsches Privatrecht*, Leipzig und München: Verlag von Duncker & Humblot, 1936, p. 183).

cuja eficácia logrou-se, como atesta a doutrina, a solução de quase todas as antinomias, ressalvada, na opinião de alguns, apenas certa contradição de segundo grau, onde o conflito se alastra entre os próprios metacritérios. Norberto Bobbio é terminante ao asseverar que para o choque entre os critérios de superioridade e de especialidade não haveria, no sistema, uma *"regra geral consolidada"* apta a solvê-lo.[181]

É, pois, contra essa preconceituosa e equivocada impossibilidade que, junto com Juarez Freitas, deve-se arremeter, demonstrando que, através do princípio da hierarquização axiológica, sempre e em qualquer plano, revela-se potencialmente possível a ablação das antinomias. Quando o intérprete, de qualquer ordem que seja, se vir colocado entre, por uma parte, normas posterior, especial ou superior e, por outra, normas anterior, geral ou inferior, é de preceito que aplique as primeiras contra as segundas, não por obra exclusiva das respectivas metarregras de cronologia, superioridade e especialidade, mas, sim, porque, num dado momento, optou-se por hierarquizar os valores anterioridade, especialidade e superioridade como fundamentais em relação aos outros. Destarte, a cura para a moléstia antinômica emerge, ao fim e ao cabo, do princípio da hierarquização axiológica. Sua presença denuncia-se ainda quando invisível.

Mais: a universalidade desse operador deôntico debela, inclusive, as colisões de segundo grau, como as prefiguradas por Bobbio. Na hipótese de conflito entre as regras de especialidade e superioridade, prepondera, em todos os casos, o princípio da hierarquização axiológica, o qual, pesando as circunstâncias fáticas e os valores contrapostos, fará prevalecer um ou outro metacritério, sempre com o objetivo de encontrar a solução mais sistemática e, por conseguinte, mais consentânea com os valores fundamentais da ordem jurídica. Em

---

[181] Bobbio, Norberto, in ob. cit., p. 109.

matéria de antinomias, não há, portanto, caminho interditado à força conciliadora do princípio da hierarquização axiológica. Impedindo a ruptura do ordenamento, tal metacritério transforma o conflito antinômico - mesmo o mais grave e perturbador - em gene de uma futura e sempre viável supra-assunção (*Aufhebung*) lógico-substancial, permitindo ao sistema, em todos os casos, neutralizar e, até mesmo, inverter o efeito deletério das contradições.

Em síntese, a surpreendente descoberta do princípio da hierarquização axiológica põe em realce que "*o melhor caminho, em tais e em todas as situações, está na metarregra da hierarquização - mais axiológica do que formal - das normas ou disposições principiológicas antinômicas, ainda quando se esteja diante de conflitos entre os próprios critérios encarregados de desfazê-los*".[182] Tem-se, portanto, no interior do sistema, para toda e qualquer antinomia, solução jurídica, o que pode auxiliar decisivamente na tarefa de busca da melhor exegese para o caso. Vai daí, também, a importância do princípio da hierarquização, materialmente considerado, tema do próximo Capítulo.

---

[182] Freitas, Juarez, in ob. cit., p. 68.

6. Da importância do princípio da hierarquização axiológica

Nesta etapa, aflora a contribuição mais importante do pensamento tópico-sistemático (Juarez Freitas[183]), pensamento esse responsável pela identidade e pelos rumos da hermenêutica sistemático-transformadora. Trata-se - sem medo de errar - da mais originária e axial das categorias jurídicas, a pedra de toque do sistema jurídico, a categoria primeiro-última ou primeiro-principal a que se atêm todos os discursos deontológicos. Com efeito, só o desenvolvimento aprofundado da especulação filosófica contemporânea e, ao mesmo tempo, dos desafios mais imediatos da *praxis* jurídica, tornou possível surpreender a função de destaque desempenhada no mundo do Direito por esse autêntico imperativo categórico jurídico.[184] O princípio da hierarquização axiológica constitui, sem dúvida, na senda aberta por Juarez Freitas, o núcleo indutor de todas as mudanças aqui propugnadas. Quem o não compreender, com certeza também não compreenderá, em toda a sua largueza, o vasto horizonte descortinado pela proposta de uma ampliada e abrangente hermenêutica, ao mesmo tempo, sistemática e transformadora do Direito.

O princípio da hierarquização axiológica figura como elemento de união entre *ser* (*sein*) e *dever-ser*

---

[183] Vide *A Interpretação Sistemática do Direito*. São Paulo: Malheiros Editores, 1998, pp. 88-98.

[184] Vide Juarez Freitas, in ob. cit., p. 80 e ss.

(*sollen*).[185] De um lado, é a mais alta manifestação do princípio de não-contradição;[186] de outro, uma espécie de imperativo categórico jurídico, no qual se opera - em contraste com o formalismo Kantiano - a inusitada fusão entre *"a priori"* e *"a posteriori"*.[187] Numa sentença, é o grande e universal princípio conformador da lógica e do sistema jurídicos. As órbitas analítica e axiológica, apenas na aparência dissociadas, encontram nele mútua constituição. Trata-se, em um único ponto, dos fundamentos formal e substancial do Direito. Segundo Juarez Freitas, " *é um operador deôntico que ocupa o topo do sistema jurídico... um critério sob o qual estão subsumidos todos os demais critérios. ... [fazendo] as vezes de um imperativo principiológico que imprime unidade sistemática aos fins jurídicos "*.[188]

Diferente dos outros critérios ou metacritérios, cuja relatividade a doutrina nunca deixa de assinalar,[189] o princípio da hierarquização axiológica é, simultaneamente, a base e o ápice do sistema jurídico. Somente a partir dele o sistema se estrutura e apenas por sua causa mantém unidade e coerência. Na condição de princípio ordenador do Direito, tem o peso e o significado de um critério jurídico constante e intranscendível, ao qual, por esse motivo, não se opõe nenhum princípio antitético de acordo com aquela relação de polaridade comum aos

---

[185] De resto, como Juarez Freitas já frisara no capítulo primeiro, é *"impossível estabelecer uma completa disparidade entre ser e dever-ser, na condição de partida da autocompreensão metodológica do fenômeno jurídico, que não se deixa espartilhar em tais lindes"* (p. 21).

[186] Sobre o princípio de não-contradição, vide Aristóteles, in *Metaphysica*, Edição Trilíngüe, Madrid: Editorial Gredos, 1982, (1005, b, 19), pp. 167-168. Vide, também, Platão, in *La République*, Tradução de Léon Robin, Oeuvres Complètes, Paris: Bibliothèque de la Pléiade, 1950, vol. I, p. 1003.

[187] Freitas, Juarez, in ob. cit., p. 82.

[188] Idem: in ob. cit., p. 80.

[189] De acordo com Canaris, in ob. cit., p. 88: *"Die Prinzipien gelten nicht ohne Ausnahmen und können zueinander in Gegensatz oder Widerspruch treten"*; (*"Os princípios não valem sem exceção e podem entrar em oposição ou contradição entre si"*).

outros inferiores metacritérios. Se algum princípio é um pólo, o pólo contrário é, então, dialeticamente necessário. Mas o princípio da hierarquização axiológica não é um pólo e, por conseqüência, não promove qualquer pólo oposto. Ele é simplesmente o que deve ser para que a própria ordem jurídica possa ser. Ele não é apenas mais um princípio, no sentido de que não se situa, pura e simplesmente, ao lado dos outros princípios. Ele é o princípio e o centro a partir do qual os demais princípios se entreabrem. Antes de todos, em todos e para além de todos os princípios e normas só há o metaprincípio da hierarquização axiológica. Mais direta e concretamente, trata-se, no mundo jurídico, do princípio de todos os princípios. Sem hierarquização axiológica, o Direito não seria capaz de conferir efetividade aos seus valores fundantes, nem teria força integrativa para vencer as suas naturais antinomias e lacunas. Ademais, como qualquer *"interpretação invariavelmente hierarquiza, em todos os tempos e sistemas"*, o princípio da hierarquização axiológica assoma como um *"princípio teleológico comum aos Direitos de múltiplas épocas e povos"*.[190]

Na doutrina, uma tradição tão consolidada quanto longínqua denominou de *fontes* do Direito os elementos constitutivos do sistema jurídico. Essa figura de retórica poderia parecer apenas mais uma metáfora ingênua, destituída de maior importância. Mas nela, precisamente nela, aninha-se, talvez, uma boa oportunidade para apurar, de modo esclarecedor, a essência do princípio da hierarquização axiológica. Qualquer *fonte* só se torna e se conserva como uma *fonte* por obra e arte de seus mananciais. Ora, sem tirar nem pôr, o princípio da hierarquização axiológica atua como o ponto do qual emana a água das nascentes. Assim como não há vazante sem água, também não há Direito sem hierarquização axiológica. O que os caudais significam para os grandes

---

[190] Freitas, Juarez, in ob. cit., p. 82.

HERMENÊUTICA E SISTEMA JURÍDICO **111**

veios, o princípio da hierarquização axiológica significa para o Direito. Juridicamente, a hierarquização valorativa funciona como a nascente das nascentes, uma vez que sem o seu impulso primeiro e contínuo todas as *fontes* do Direito (normas, princípios, valores e suas sistemáticas interpretações) já não seriam mais *fontes*. Pura e simplesmente, perderiam tal condição - secariam ...

Em qualquer realidade concreta a partir da qual se construa a experiência moral e jurídica da conduta humana, já se utiliza e, acima de tudo, já se pressupõe o trabalho prévio da hierarquização axiológica. Esse princípio entranha e mostra aquilo que representa o múnus primordial de todo pensamento jurídico. Nada há de mais elevado, de mais originário, de mais urgente e mais remoto do que esse inaparente dever-ser, que é o ser conformador dos sistemas jurídicos. Longe de sucumbir - como alertava Heidegger - *"ao perigo do palavrório mecânico e vulgar"*,[191] não se trata, aqui, por certo, de mais um entre tantos outros jogos de palavras fadados à noite do esquecimento. Não se trata, repito, dessa ainda hoje vazia tagarelice para sempre evidenciadora, em última análise, de um pensamento que, através de falsos atalhos, se recusa a pensar com responsabilidade. No Direito, a hierarquização axiológica é, de fato, a categoria das categorias - a categoria fundamental. Ela designa e enucleia o que constitui, antes de tudo e a todo momento, a verdadeira tarefa de qualquer jurista. Enquanto ser que, desde sempre, elege premissas e escolhe leituras, o jurista-juiz-intérprete - como, de resto, qualquer outra pessoa - mostra-se, de imediato e de novo, um irrefragável hierarquizador. Sem nenhum exagero, os indivíduos, sobretudo no plano da *praxis*, vivem para hierarquizar e hierarquizam para viver. É por isso que o Direito só se estabelece e alastra enquanto hierarquiza-

---

[191] Heidegger, Martin, in *Heráclito*. Tradução de Marcia Sá Cavalcante Schuback, Rio de Janeiro: Relume Dumará, 1998, p. 48.

ção axiológica. Porém, não qualquer hierarquização ou hierarquia. Não qualquer axiologização ou axiologia. Mas aquela hierarquização axiológica no pleno sentido dialógico, comunicativo e racional (Gadamer, Apel, Habermas, Alexy, Juarez Freitas), que nada mais persegue do que a lei que se estatui a si mesma pelo consenso universalizável da comunidade dos intérpretes.

Hierarquizar axiologicamente - eis, portanto, a voz que dá voz ao vocabulário jurídico. Todas as demais locuções, em especial as que designam fontes do Direito (princípios, normas, valores, sentenças, medidas provisórias, decretos, regulamentos, etc.) constituem, no fundo, meros invólucros, porque, para existir, só podem existir como escala e escolha axiológicas. Do ponto de vista lógico e fenomenológico, toda conduta (=agir) confronta-se com uma escolha, e qualquer escolha, direta ou indiretamente, com uma hierarquização axiológica. Não há como se pôr aquém ou além dessa férrea lógica recursiva sem, logo aí, incorrer em uma escolha e, por conseguinte, em uma implícita hierarquização axiológica. Continuamente se hierarquiza, ainda quando, na aparência, não se hierarquize propriamente. Em cada ação, em cada exegese, em cada gesto, em cada decisão, em cada pensamento já reina e vigora uma hierarquização axiológica. Já reina e vigora mesmo que, nesses casos, imagine-se o acaso como a suposta causa preponderante ou, então, predeterminante. Como a não-escolha também se configura uma tácita escolha, até o indeciso asno de Buridan,[192] querendo ou não, desde há muito hierarquizou.

Não custa esclarecer que, se a não-escolha constitui já uma escolha, então, por simetria, também a ausência

---

[192] Vide F. W. Schelling, in *Philosophie Untersuchungen über da Wesen der menschlichen Freiheit*. Schellings Werke, München: C.H. Beck'sche Verlagsbuchhandlung, 1958, vol. IV, p. 248. O asno de Buridan é aquele célebre indivíduo que, encontrando-se entre um feixe de aveia e um balde de água, morreu, indeciso, com fome e com sede.

de uma tábua de valores, por idênticas razões, já se revela uma indireta tábua de valores, ainda quando se pudesse tachá-la, com justiça, de imperfeita e, mais do que isso, de precária. Em outras palavras, se quem não escolhe, na verdade, escolhe não escolher, então quem não tem valores, na realidade, tem por maior valor exatamente o não-valor. Como se vê, a situação, aqui, é ainda mais embaraçosa do que aquela, antes descrita, em que alguém, corajosa e entrepidamente, tenta negar o princípio de não-contradição.[193] Lá, para fugir da antinomia consigo mesmo, ainda lhe restava a alternativa, pouco consoladora, do eterno silêncio das plantas; aqui, no entanto, mesmo o mais silencioso dos silêncios configuraria, desde logo, uma escolha e, por via de conseqüência, uma hierarquização axiológica. Isso quer dizer que a vida só existe mais propriamente enquanto hierarquização axiológica, porque optar constitui, mais e mais, o processo ininterrupto e sem fim da própria existência. Eis, portanto, um princípio do qual a razão prática não tem como se desvencilhar, uma vez que até para desvencilhar-se de si mesma ela o teria de pressupor. Trata-se, como se verifica, de um princípio contra o qual não se tem outro recurso, senão já e sempre hierarquizar ...

Como princípio de todos os princípios, a hierarquização axiológica se apresenta, assim, como a saga e o marco originários do sistema jurídico, o que significa dizer que, sem o seu foco imanente, nem o legislador legislaria, nem o intérprete interpretaria. Todos os verbos jurídicos só se deixam conjugar a partir dessa raiz hierárquico-axiológica. Os atos legislativos não menos do que os atos jurisdicionais, os atos administrativos não mais do que as deliberações privadas e as exegeses em geral, todos, enquanto existirem como comportamento, são e permanecerão um incessante, inescapável e dialó-

---

[193] Vide as notas nos 22, 58, 67 e 73 do capítulo 2.

gico exercício de hierarquização axiológica. Numa frase, todos nada seriam se antes já não fossem o necessário desvelamento de uma consciente ou inconsciente tábua de valores.

Como lembra Chaïm Perelman, *"quase sempre, não só os valores gozam de uma intensidade diferente, mas, além disso, são admitidos princípios para hierarquizá-los. Esse é um dos pontos para os quais muitos filósofos que tratam dos valores descuram de chamar a atenção. Porque estudaram os valores de certo modo neles próprios, independentemente de sua utilização argumentativa prática, os filósofos insistiram,..., na convergência dos valores, descurando o mais das vezes de sua hierarquização, da solução dos conflitos que os opõem"*.[194]

Desse modo, fazendo justiça à articulação desbravadora de Juarez Freitas, o princípio da hierarquização axiológica deve ser conceituado como *"o metacritério que ordena, diante inclusive de antinomias no plano dos critérios, a prevalência do princípio axiologicamente superior, ou da norma axiologicamente superior em relação às demais, visando-se a uma exegese que impeça a autocontradição do sistema conforme a Constituição e que resguarde a unidade sintética dos seus múltiplos comandos"*.[195]

Outrossim, o princípio da hierarquização axiológica - achado pioneiríssimo - revela ainda mais outra admirável virtude: a força integrativa capaz de colmatar todas as lacunas jurídicas. Através dele tornou-se possível harmonizar, do ponto de vista prático e teórico, as concepções, por tanto tempo contrapostas, da completu-

---

[194] in *Trattato dell'Argomentazione*. Tradução de Carla Schick e Maria Mayer, Torino: Guilio Einaudi Editore, 1976, p. 87: *"I valori non solo godono quasi sempre di una diversa intensità di adesione, ma sono ammessi anche principî che permettono di gerarchizzarli. È questo uno dei punti sui quali molti filosofi che trattano dei valori hanno trascurato di attrarre l'attenzione. Essi hanno studiato i valore, in certo modo, in se stessi, indipendentemente dalla loro utilizzazione argomentativa pratica, hanno insistito a giusto titolo sulla convergenza dei valori, trascurando troppo spesso la loro gerarchizzazione, soluzione dei conflitti che li contrappongono"*.

[195] Freitas, Juarez, in ob. cit., p. 81.

de e da incompletude do sistema jurídico, mediante a superação até mesmo do eventual conflito entre as chamadas normas gerais inclusiva e exclusiva.[196]

Com efeito, a norma geral exclusiva foi dos primeiros e melhores recursos da moderna doutrina contra as lacunas. De acordo com esta linha de enfoque, quando um determinado comportamento não estivesse regulado por nenhuma norma particular inclusiva, cairia, então, sob a tutela de uma implícita norma geral exclusiva de eficácia negativa, preceituando, para garantia do dogma da completude, a exclusão jurídica de todos esses comportamentos não disciplinados pela norma particular. Entretanto, com o aparecimento, na quase totalidade dos sistemas jurídicos, de normas gerais inclusivas - normas que, na omissão da lei, exigem a utilização da analogia, dos costumes e dos princípios gerais do direito - a questão adquiriu maior complexidade, haja vista que deu ensejo ao conflito, até aquela altura desconhecido, entre as normas gerais exclusiva e inclusiva. Confrontado com alguma lacuna, o intérprete não sabia, perplexo, se a colmatava inclusiva ou exclusivamente. Contudo, tal contradição - agora desmitificada - poderá ser facilmente sanada mediante o emprego do princípio ordenador da hierarquização axiológica. É que o sistema jurídico determina *"como regra derivada do princípio superior da hierarquização, que não deve haver incompletabilidade sistemática em face das lacunas, exatamente porquanto se*

---

[196] Segundo a dicção de Bobbio, in *Teoria do Ordenamento Jurídico*. Tradução de Claudio de Cicco e Maria Santos, São Paulo, Pólis/Brasília: Editora da Universidade de Brasília, 1989, p. 133, *"Todos os comportamentos não-compreendidos na norma particular são regulados por uma norma geral exclusiva, isto é, pela regra que exclui (por isso é exclusiva) todos os comportamentos (por isso é geral) que não sejam aqueles previstos pela norma particular"*. Ainda de acordo com Bobbio, in ob. cit., p. 135, *"chamamos de norma geral inclusiva uma norma ... segundo a qual, no caso de lacuna, o juiz deve recorrer às normas que regulam casos parecidos ou matérias análogas. Enquanto a norma geral exclusiva é aquela norma que regula todos os casos não-compreendidos na norma particular, mas os regula de maneira oposta, a característica da norma geral inclusiva é a de regular os casos não-compreendidos na norma particular, mas semelhantes a eles, de maneira idêntica"*. Vide, ainda, Juarez Freitas in ob. cit., pp. 85-89.

hierarquizou, como pressuposto ínsito à idéia mesma de sistema, que a completabilidade é um valor a ser preservado, inclusive para a garantia de outro valor fundamental, qual seja, o da coerência de um sistema que se pretenda capaz de oferecer, para todas as ocasiões, um comando que evite a falta de critérios jurídicos de decisão, impedindo a instauração da irracionalidade arbitrária".[197] Em outras palavras, o meta-critério da hierarquização axiológica *"opera como norma negativa e geral que veda todas as contradições e ordena haja coerência interior, inclusive quando da antinomia entre a norma inclusiva e a exclusiva".*[198]

Quer isso significar, portanto, que, a despeito da inegável existência de lacunas normativas, inocorrem, no interior do sistema jurídico, lacunas de critério.[199] Quanto menos o sistema diz expressamente, mais ele afirma implicitamente. O intérprete, na tenacidade do trabalho de preenchimento dos claros da rede jurídica, possui diante de si, de forma invariável, um conjunto superavitário de soluções que, de caso em caso, de lacuna em lacuna, sempre de novo há de ser realocado e reinterpretado. Na jornada hermenêutica do vazio à sua colmatação, percebe-se que o Direito é portador de uma espécie de plenificabilidade móvel e mutante. A cada situação inédita, a ordem jurídica, com a ajuda do princípio da hierarquização, adapta-se, recorrendo ao excedente de sentido dos seus próprios e latentes recursos axiológicos. O intérprete luta para extrair do mundo jurídico toda a sua riqueza escondida, dizendo não aos falsos limites formais do ordenamento. Assim, pela força da mescla e pelo infinito da combinação, chega-se, no final, à tão cobiçada exuberância que faz da abertura e das lacunas o exterior que se torna interior.

A bem da verdade, quando o Direito se uniu à abertura, deu origem, de imediato, à sua completabilida-

---

[197] Idem: in ob. cit., p. 88.

[198] Idem: in ob. cit., p. 181.

[199] Idem: in ob. cit., p. 181.

de. É que a abertura põe em evidência a incompletude potencial sem a qual o sistema seria, de fato, incompletável. A lógica desse percurso e o percurso dessa lógica, desenham-se, numa frase, bastante claros: no sistema descobriu-se a abertura e, na abertura, a eterna colmatabilidade. No final das contas e de maneira irônica, a abertura tornou-se o cadinho da plenitude. Assim, se a ordem jurídica não é completa, pelo menos parece ser, à luz do princípio da hierarquização axiológica, de todo e em tudo completável. Por isso, em perfeita e necessária confluência metodológica, a exegese sistemático-transformadora do Direito não nega as contradições, antes, dissolve-as; não encobre as lacunas, antes, colmata-as.

118   *Alexandre Pasqualini*

7. Do problema da justiça material[200]

Parafraseando Rawls, a Justiça é a primeira virtude de qualquer ordenamento positivo, tanto quanto a verdade o é para o pensamento.[201] Conseqüentemente, *"a justiça se apresenta como um dos elementos essenciais e juridicamente indispensáveis à legitimidade e à continuidade mesma do Direito positivo"*, razão pela qual, *"deve a interpretação sistemática, à base substancial do sistema objetivo, visar à suplantação das antinomias de avaliação ou injustiças"*.[202] O sistema jurídico nada mais representa, portanto, do que a porta estreita por onde a justiça pode e há de entrar. Uma vez que todo Estado Democrático de Direito revela uma especial e preliminar vocação axiológica, afigura-se sempre possível identificar, em cada sistema constitucional e, em particular, nos seus princípios e valores constitutivos, a busca de certas regras de prioridade, com o apoio das quais o intérprete, hierarquizando-as axiológica e sistematicamente, procede à constante e teleológica compatibilização, desde o interior da ordem jurídica e sem ferir o princípio da separa-

---

[200] Neste esforço de elucidação do pensamento tópico-sistemático de Juarez Freitas, o presente capítulo busca refletir o núcleo da idéia de justiça material desenvolvida pelo autor no capítulo sexto de *A Interpretação Sistemática do Direito*. São Paulo: Malheiros Editores, 1998, pp. 99-110.

[201] Rawls, John, in *A Theory of Justice*. Cambridge: Harvard University Press, 1995, p. 3: *"Justice is the first virtue of social institutions, as truth is of systems of thought"*.

[202] Freitas, Juarez, in ob. cit., p. 91.

ção dos poderes, do Direito posto com o Direito tal qual deveria ser. É preciso notar que o sistema jurídico, sob o risco de perecer com ela, não deve, nas fronteiras do possível, conviver com a injustiça. A episódica tolerância para com as denominadas antinomias de avaliação[203] pode redundar em intolerância contra a unidade e a coerência racionais do Direito, além de produzir a quebra não apenas da legitimidade, como, também, da eficácia formal do ordenamento positivo.[204] Como pondera Juarez Freitas, *"o próprio sistema jurídico do Estado Democrático de Direito corre o risco de periclitar, fragilizado por um formalismo excessivo, se se contentar com uma interpretação e com uma exegese, não raro, só muito parcialmente em conformidade com o próprio sistema na sua abertura, o qual precisa alcançar, minimamente, os seus mais elevados objetivos para se manter como sistema"*.[205]

Assim, toda vez em que se surpreender arrostado por contradições entre normas e princípios de justiça acolhidos pela Constituição, cumpre ao intérprete, auscultando os limites racionais e finalísticos do sistema, harmonizar e, mais ainda, verticalizar umas e outros, valendo-se, para tanto, do auxílio conjunto e inestimável do princípio da hierarquização axiológica e da interpretação sistemático-transformadora, sobretudo quando o conflito se verificar entre as aludidas regras de priorida-

---

[203] Com respeito às antinomias de avaliação, Norberto Bobbio, in ob. cit., p. 90 afirma que *"outra acepção de antinomia é a chamada antinomia de avaliação, que se verifica no caso em que uma norma pune um delito menor com uma pena mais grave do que a infligida a um delito maior. É claro que, nesse caso, não existe uma antinomia em sentido próprio, porque as duas normas, a que pune o delito mais grave com penalidade menor e a que pune o delito menos grave com penalidade maior, são perfeitamente compatíveis. Não se deve falar de antinomia nesse caso, mas de injustiça"*.

[204] Tratando deste assunto, Karl-Otto Apel, in *Transformation der Philosophie*, Frankfurt am Main, 1973, vol. II, p. 375, assinala que *"é muito elucidativo que um sistema jurídico que perde na sociedade o seu crédito moral, com o correr do tempo também costuma perder a sua eficácia"* (*"es ist aber sehr aufschlussreich, dass ein Rechtssystem, das in der Gesellschaft den moralischen Kredit verliert, auf die Dauer auch seine Effektivität einzubüssen pflegt"*).

[205] Freitas, Juarez, in ob. cit., p. 127.

de ou justiça. Em suma, a tarefa do exegeta ou aplicador do Direito será, para sempre e eternamente, a de realizar, diante do caso concreto, *"a máxima justiça sistemática possível"*,[206] servindo-se do sistema para que com e no sistema a liberdade prospere, a igualdade aproxime e o bem prevaleça. Afinal, outra conduta não é esperada dos profissionais do Direito senão revelar a Justiça já acolhida pelo ordenamento, preservando-se, assim, íntegros e fiéis ao pleno potencial de Justiça teleológica latente no sistema jurídico. Evocando a acuidade de Pascal, nunca é demais lembrar que *"o fim último é o que dá nome às coisas"*,[207] motivo por que o jurista-juiz-intérprete há de *"semplicemente rintracciare i principi e le regole di giustizia già esistenti nel diritto vigente"*.[208]

---

[206] Idem: in ob. cit., pp. 101 e 143.

[207] Pascal, Blaise, in ob. cit., (502-571), p. 574 : *"Or la dernière fin est ce qui donne le nom aux chose"*. Com igual intenção, Ch.S. Peirce - citado por Karl-Otto Apel in ob. cit., p. 372 - pondera: *"O único mal moral consiste em não ter um fim último"* (*"Das einzige moralische Übel besteht darin, kein letztes Ziel zu haben"*). R. von Jhering, a seu tempo e modo, já alertava que a *"justiça é a raiz da grande árvore. Se a raiz não for boa, se ficar ressequida em meio às pedras e à areia estéril, a árvore não passará duma figura ilusória, e a primeira tempestade a desenraizará"* (*"Das Rechtsgefühl ist die Wurzel des ganzen Baumes; taugt die Wurzel nichts, verdorrt sie in Gestein und ödem Sand, so ist alles Andere Blendwerk - wenn der Sturm kommt, wird der ganze Baum entwurzelt"*; in *Der Kampf um's Recht*, Wien: Manz'sche K.U.K. Hof-Verlag und Universitäts-Buchhandlung, 1900, p. 71).

[208] Ehrlich, Eugen, in *I Fondamenti della Sociologia del Diritto*. Tradução de Alberto Febbrajo, Milano: Giuffrè Editore, 1976, p. 220.

8. Da constituição mútua dos pensamentos tópico e sistemático[209]

Para boa parcela dos juristas, - reeditando, sob vários aspectos, o célebre antagonismo entre Parmênides e Heráclito - a alternativa parece ser a seguinte: ou o Direito é sistema e, como tal, fechado, coerente e completo, ou o Direito é assistemático e, nessa condição, aberto, contraditório e incompleto. Verifica-se, porém, com progressiva nitidez, como é falso esse dilema. Sabe-se, a cada passo mais, não haver rígida oposição entre as noções de sistema e de abertura. Bem ao contrário, uma depende da outra e uma conduz à outra, já que ambas, na essência, constituem pressupostos de racionalidade da ordem jurídica. Ora, se isso é verdade, então, *a fortiori*, não há, nem pode haver, mútua exclusão entre os pensamentos sistemático e tópico.[210] O método jurídico,

---

[209] Vide *A Interpretação Sistemática do Direito*. São Paulo: Malheiros Editores, 1998, pp. 126-149. Embora a linha de raciocínio nem sempre seja igual, já que novos argumentos e outros autores são acrescentados, buscou-se, mais uma vez, trazer à luz a originalidade do pensamento tópico-sistemático desenvolvido por Juarez Freitas.

[210] Sobre o pensamento sistemático e tópico, vide: Viehweg, Theodor. *Topica e Giurisprudenza*, Milano: Giuffrè, 1962; Aristóteles. *Topica et Sophistici Elenchi*, Oxford: Oxford Classical Texts, 1989; Cicero. *Les Topiques*, in Oeuvres Complètes, Paris: Ed. Bilíngüe, Librairie de Firmin-Didot, 1927, Vol. I, pp. 489-508; Engisch, Karl. *Introdução ao Pensamento Jurídico*, Tradução de J. Baptista Machado, Lisboa: Fundação Calouste Gulbenkian, 1996; Larenz, Karl. *Methodenlehre der Rechtswissenschaft*, Heidelberg: Springer Verlag, 1969; Kriele, Martin. *Theorie der Rechtsgewinnung*, Berlin: Duncker & Humblot, 1976; Canaris, Claus-Wilhelm. *Systemdenken und Systembegriff in der Jurisprudenz*. Berlin: Duncker & Humblot, 1983; Esser, Josef. *Grundsatz und Norm*. Tübin-

no seu núcleo mais íntimo, é mesmo tópico-sistemático: sistemático, à proporção em que se estrutura como totalidade hierarquizada de normas, princípios e valores jurídicos teleologicamente encadeados; tópico, à medida que a intrínseca indeterminação e abertura de tais normas, princípios e valores jurídicos oferecem, dentro e a partir do sistema, várias possíveis exegeses ou projetos de sistematização.

As dificuldades do pensamento exclusivamente analítico e do pensamento obstinadamente tópico são, portanto, conexas e, em certo aspecto, equivalentes. A inadequação metodológica transparece, no caso da pura analítica, pela insuficiência prática que engendra e, no caso da pura tópica, pela deficiência teórica da qual resulta. O que sugere, restabelecendo-se a helênica unidade entre teoria e prática, que os pensamentos tópico e sistemático não são duas substâncias incompatíveis, mas, antes, partes indissociáveis de um único processo mutuamente complementar e dialético. Tomando por empréstimo uma lúcida metáfora de Paul Feyerabend,[211]

---

gen: J.C.B.Mohr (Paul Siebeck), 1990; Perelman, Chaïm. *Retóricas*. Tradução de Maria Ermantina Galvão G. Pereira, São Paulo: Martins Fontes, 1997. Schulz, Fritz. *Principles of Roman Law*, Oxford: At Clarendon Press, 1956, pp. 40-65; Jolowicz, H.F. e Barry, Nicholas. *Historical Introduction to the Study of Roman Law*, Cambridge: Cambridge University Press, 1972, pp. 408-411.

[211] in *Contra o Método*. Tradução de Miguel Serras Pereira, Lisboa: Ciência, p. 303. Que fique claro o uso, aqui, da metáfora, mas não daquelas conclusões aparentemente mais anárquicas de Feyerabend. O autor de *Contra o Método*, já no primeiro capítulo, declara-se, em discussões metodológicas, um anarquista, adotando o *"princípio único"* de que *"qualquer coisa serve"* (in ob. cit. pp. 29 e ss.). Todavia, é preciso que se anote que, no final do livro, Feyeraband, de modo contundente, preocupa-se em criticar e afastar aquilo que chama de *"anarquismo ingênuo"* (in ob. cit., p. 314), deixando objetivamente consignado que *"não sustento que devamos proceder sem regras, nem critérios"* (in ob. cit., p. 314). Essa importante ressalva parece ser suficiente para que se conclua haver mais confluências do que divergências entre Feyerabend e outros filósofos da ciência como, por exemplo, Thomas S. Khun (vide *A Estrutura das Revoluções Científicas*. Tradução de Beatriz Vianna Boeira e Nelson Boeira, São Paulo: Editora Perspectiva S.A., 1998, p. 257), quando esse último assinala, tratando do controle das *"aberrações inadmissíveis"*, que *"o conhecimento científico, como a linguagem, é intrinsecamente a propriedade comum de um grupo ou então não é nada"*.

talvez fosse conveniente e esclarecedor visualizar o sistema jurídico como um mapa e o intérprete como um viajante. É que os sistemas, assim como os mapas, são, conquanto imperfeitos, os primeiros guias para as infinitas induções e inferências do viajante-intérprete. Da mesma maneira que o viajor lança mão do mapa para encontrar o melhor caminho, também o hermeneuta utiliza o sistema para achar, em sinergia com o problema concreto, a senda da melhor solução ou enquadramento jurídico-sistemático. Sem dúvida, quando se socorrem, quer do mapa, quer do sistema, ambos, viajante e intérprete, deparam-se com limites, obstáculos e, não raro, com equívocos. Mas *"é melhor haver mapas do que se ter de avançar sem eles"*.[212] Sem os mapas-sistemas, até as hipóteses e os silogismos dialéticos perderiam sentido, já que todo conhecimento, mesmo o mais assistemático, resulta, fazendo justiça a Kant, de um pensamento minimamente ordenador. O principal, então, é perceber, desde logo, que nem os processos inferenciais tópico-pragmáticos podem desdenhar a natureza mais ou menos *"arquitetônica"*[213] da razão. Esse é o motivo pelo qual, no Direito, o sistema, sem a vivacidade criativa da *ars inveniendi*, extravia-se pelo engessamento, enquanto a *ars inveniendi*, sem os azimutes do sistema, torna-se inconcebível. Moral da história: o pensamento jurídico já sempre se concebe como tópico-sistemático, uma vez que, de uma forma ou de outra, existe um mínimo de tópica ou um mínimo de sistema mesmo ali onde se manisfesta o máximo da lógica oposta.

---

[212] Feyerabend, Paul, in ob. cit., p. 304.

[213] Ainda quando se deva, hoje, em uma leitura atualizada da Crítica da Razão Pura, relativizar a parte da analítica transcendental e da analítica dos princípios, abandonando a perspectiva apriorístico-transcendental, afigura-se possível, entretanto, manter a idéia de que *"a nossa razão* [, mesmo do ponto de vista mais pragmático,] *é ela mesma* [, em alguma medida,] *um sistema"* (*"Denn unsere Vernunft...ist selbst ein System,..."*; in *Kritik der Reinen Vernunft*. Werkausgabe, tomo IV, vol. II, Frankfurt am Main: Suhrkamp Verlag, 1974, p. 630.

Há, pois, nas disputas travadas, em diferentes épocas e sob diversos rótulos, entre a técnica do pensamento dogmático e a técnica do pensamento problemático, dois excessos em perfeita e concêntrica simetria: excluir a tópica ou o sistemático; não admitir outra coisa senão o sistemático ou a tópica. Para o pensamento dogmático, o mundo dos valores é descontínuo e admite excessiva variedade de opiniões e exegeses. Por isso, o chamado dogmatismo tenta, sem êxito, eliminar os valores, procurando abrigo em puros e formais comandos normativos. Para o pensamento problemático, ao reverso, a atmosfera sistemática é estreita e, o que é mais grave, infensa à natural dinamicidade da vida. Por esse motivo, repele o sistema e lança, também sem sucesso, o primado entrópico dos problemas sobre as normas. O resultado final desse confronto é que os dois posicionamentos destroem precisamente o que almejavam proteger. A radicalização lógico-formal dos dogmáticos implode o sistema ao lhe furtar a própria razão de ser: os princípios e os valores. O exagero lógico-dialético dos tópicos sabota a Justiça material quando lhe rouba o maior aliado: a sistematização axiológica. Hostis e separadas, tais facções marcham, resolutas, para um idêntico abismo. Ambas esquecem, enfim, que *não há valores sem sistema, nem sistema sem valores.*

Mas quando se fala da mútua constituição dos pensamentos sistemático (analítica) e tópico (dialética), há um filósofo cujas contribuições não podem ser negligenciadas, tampouco distorcidas: *Aristóteles.* Durante largo período, interpretações até certo ponto assistemáticas do *corpus aristotelicum* alimentaram a crença de que haveria um rígido corte entre o método demonstrativo (científico) da Física e da Metafísica e o método dialético das Éticas, da Política, da Retórica, da Poética, bem como, e sobretudo, da Tópica. Todavia, o Aristóteles que, por tanto tempo, serviu de apoio para uma tal exegese, oferece, na atualidade, como fruto de análises mais atentas e sistemáticas, novos e eficazes argumentos no sentido de pôr em evidência a indissociabilidade dos pensamentos analítico e dialético. Com efeito, nem a influência da tópica pode ser segregada apenas à *"filoso-fia prática"*, nem o selo da verdade pode ser convertido em atributo exclusivo da Física e da Metafísica. Ao se lançar um olhar de conjunto sobre a vasta produção do estagirita, percebe-se que, de forma cooperada e, mais do que isso, confluente, a analítica e a dialética sempre caminharam juntas em momentos vitais e em movimentos cruciais da reflexão Aristotélica.

Para vencer o preconceito de que as argumentações conduzidas pela dialética degenerariam, por força de um destino irremediável, em arengas verbais destituídas de rigor ou valor científicos, basta recordar que, nos *Tópicos*,[214] imediatamente depois de circunscrever os domínios do silogismo dialético e de contradistingui-lo dos respectivos silogismos apodíctico e erístico, Aristóteles explicita os três possíveis empregos conseqüentes do método dialético: (a) *o primeiro* diz respeito às atividades preparatórias, usadas como exercício preliminar às reflexões propriamente filosóficas;[215] (b) *o segundo* tem relação com o uso público da dialética, em especial nas discussões políticas travadas nas assembléias do povo;[216] (c) e *o terceiro*, sem dúvida o mais importante, aplicado pelas ciências filosóficas como instrumento para distinguir, com maior facilidade, o falso do verdadeiro.[217] Ora, é nesse último uso, sem dúvida ainda carente de estudos mais aprofundados, onde se forjam e de onde projetam os laços que selam a aliança entre a ciência (=filosofia) e a dialética. Aqui, o silogismo tópico *"é útil em relação às ciências filosóficas porque, se formos*

---

[214] Aristóteles, in *Topica et Sophistici Elenchi*. Oxford: Oxford Classical Texts, 1989, (100, a), p. 1.

[215] Idem: in ob. cit., (101, a, 28-30), p. 3.

[216] Idem: in ob. cit., (101, a, 30-34), p. 3.

[217] Idem: in ob. cit., (101, a, 34-36), p. 3.

HERMENÊUTICA E SISTEMA JURÍDICO

capazes de desenvolver as aporias em ambas as direções, distinguiremos mais facilmente, em cada uma, o verdadeiro do falso".[218] Em outras palavras, ressaltando o valor clara e nitidamente cognitivo da dialética, o que Aristóteles parece sustentar é que, ao se *"desenvolverem as aporias em ambas as direções"* (*"pros amphótera diaporésai"*), consegue-se avaliar, ato contínuo, as conseqüências de cada alternativa posta, verificando-se, pelas suas múltiplas e internas implicações, se não deságuam em teses auto-contraditórias, em desacordo com seus proclamados pressupostos. Ao que tudo leva a crer, o terceiro uso da *Tópica*, sempre partindo das opiniões mais autorizadas (*éndoxa*), nada mais representa do que aquela conhecida demonstração por contradição, cujo poder elucidativo, no plano das várias e distintas ciências, foi sempre muito acionado por Aristóteles. Nos *Segundos Analíticos*, Aristóteles já apontara a contradição (*antíphasis*) como o lugar clássico da dialética,[219] motivo pelo qual o diálogo (*dialégesthai*) que culmina em uma *antíphasis* é denominado de refutação (*élenkhos* ou *apórema*). Separando o falso do verdadeiro, o *"silogismo da contradição"*,[220] também qualificado de *"silogismo dialético da contradição"*,[221] credencia-se, portanto, como um instrumento (*órganon*) dos mais valiosos para filosofia, servindo, ademais, como acesso privilegiado aos princípios de cada ciência. De acordo com o estagirita, a dialética *"tem ainda utilidade em relação às bases últimas dos princípios usados nas diversas ciências, pois é completamente impossível discuti-los a partir dos princípios próprios à ciência que temos diante de*

---

[218] Idem: in ob. cit., (101, a, 34-36), p. 3.

[219] Idem: in *Posterior Analytics*. Tradução de G.R.G. Mure, Great Books of the Western World, Chicago: Encyclopaedia Britannica, 1952, vol. 8, (72, a, 8-14), p. 97.

[220] Idem: in *Prior Analytics*. Tradução de A.J. Jenkinson, Great Books of the Western World, Chicago: Encyclopaedia Britannica, 1952, vol. 8, (66, b, 11), p. 87: *"...a refutation is a syllogism which establishes the contradictory"*.

[221] Idem: in *Topica et Sophistici Elenchi*. Oxford: Oxford Classical Texts, 1989, (162, a, 17-18), p. 182: *"...syllogismos dialektikós antipháseos"*.

nós, visto que os princípios são anteriores a tudo mais; é por meio dos éndoxa concernentes a cada coisa que eles devem ser discutidos, e essa tarefa é peculiar à dialética ou é próprio sobretudo dela; sendo, com efeito, interrogativa, ela possui o caminho para os princípios de todas as exposições científicas".[222]

Sem pretender revogar as fronteiras entre ciência e dialética - uma vez que esta, mesmo na sua terceira acepção, jamais conhece por si mesma, não podendo falar no vazio (*kenós*)[223] ou de forma puramente verbal (*logikós*)[224] - o que se percebe é que, já em Aristóteles, a dialética, ao contrário do que alguns divulgaram, mais que acompanhar, co-participa do discurso científico, sendo legítimo, portanto, afirmar que *"dialética e apodíctica não são dois métodos regionais em mútua exclusão,...., eles não são dois estritos métodos separados, mas, antes, dois diferentes aspectos de um mesmo processo de pensamento".[225]* Em outras palavras, a tópica e a analítica constituem-se, respectivamente, nos momentos heurístico-inventivo e sistemático-expositivo das ciências como um todo e, por conseguinte, do pensamento em geral.

De acordo com Aristóteles, *"pensamos ter ciência de qualquer coisa em sentido próprio - vale dizer, não de modo sofístico, isto é, aparente - no caso de pensarmos conhecer a*

---

[222] Idem: in ob. cit., (101, a, 36-b, 4), p. 3.

[223] Idem: in *De L'Ame*. Tradução de J. Tricot, Paris: Librairie Philosophique J. Vrin, 1985, (403, a, 2), p. 8.

[224] Idem: in *Éthique a Eudème*. Tradução de Vianney Décarie, Paris/Montréal: Librairie J. Vrin/Les Presses de l'Université de Montréal, 1978, (1217, b, 21), p. 69.

[225] Höffe, Otfried in *Ethik und Politik*. Frankfurt am Main: Suhrkamp Verlag, 1979, p. 64: *"Dialektik und Apodeiktik sind nicht zwei sich wechselseitig ausschliessende Regionalmethodiken,.... . Es sind zunächst überhaupt nicht zwei strikt zu trennende Methoden, sondern eher zwei verschiedene Aspekte eines zusammenhängenden Denkprozesses"*. Uma visão menos comprometida com a dialética, (posicionando-a como instrumento ancilar à ciência), mas ainda assim uma visão mais precisa, já que retira a tópica do campo da mera verossimilhança subjetiva, encontra-se em Otto Pöggeler, in *Dialektik und Topik*. Hermeneutik und Dialektik, Tübingen: J.C.B. Mohr (Paul Siebeck), 1970, vol. II, pp. 273-310.

causa pela qual a coisa é, que ela é causa daquela coisa e que não é possível que esta seja diversamente".[226] Tomando por base tal perspectiva, fazer ciência, em Aristóteles, significa, *prima facie*, desvendar o *quê* e o *porquê*[227] de qualquer fenômeno, no exato sentido de que o saber das causas asseguraria, logicamente, o caráter necessário e para sempre estável das conclusões. Nessa acepção mais forte do termo, os grandes paradigmas de ciência, para Aristóteles, bem como para a maioria dos gregos, foram, acima de toda incerteza, a matemática e a geometria. Todavia, sem abrir mão dessa linha de idéias, cabe recordar que Aristóteles, já e ainda nos *Segundos Analíticos*, advertiu, desde logo, sobre a possibilidade de haver verdadeira ciência não apenas das coisas que existem sempre, contudo, também, daquelas que existem *"quase sempre"* (*"hos epí to poly"*),[228] relativizando, assim, àquela férrea fixidez e invariabilidade das demonstrações científicas. Como tantas vezes reconheceu e repetiu, *"o discurso rigoroso da matemática não deve ser reivindicado para todas as coisas..."*.[229] É por isso que, ao lado e junto com o silogismo apodíctico, sempre houve o silogismo dialético, cuja utilização não se circunscreveu tão-só às Éticas e à Política, sendo possível flagrar sua presença atuante também na Física e na Metafísica.[230] Foi com os olhos fitos nestes múltiplos e palpáveis precedentes que Ingemar Düring, abraçando o conjunto da obra de Aristóteles, arrematou sustentado que *"fondamentalmente, ...,*

---

[226] Aristóteles, in *Posterior Analytics*. Tradução de G.R.G. Mure, Great Books of the Western World, Chicago: Encyclopaedia Britannica, 1952, vol. 8, (71, b, 9-12), p. 97.

[227] Idem: in *Metaphysica*. Edição trilíngüe de Valentín García Yebra, Madrid: Editorial Gredos, 1982, (981, a, 28-30), p. 6.

[228] Idem: in *Posterior Analytics*. Tradução de G.R.G. Mure, Great Books of the Western World, Chicago: Encyclopaedia Britannica, 1952, vol. 8, (87, b, 19-22), p. 119.

[229] Idem: in *Metaphysica*. Edição trilíngüe de Valentín Garcia Yebra. Madrid: Editorial Gredos, 1982, (995, a, 14-16), p. 96.

[230] Vide Enrico Berti, in *Le Ragioni di Aristotele*. Roma: Laterza & Figli, 1989, capítulos II e III.

Aristotele non vede alcuna differenza fra il ragionamento dialettico e quello scientifico. L'arte della dialettica - dice nel secondo capitolo - è utile..., nelle discussioni causali e nelle ricerche scientifiche, anche quando si cercano i principi supremi della scienza. .... In contrasto con Platone, insiste sul fatto che la dialettica è una techné che si trova sullo stesso piano della retorica o della medicina".[231]

Essas reflexões aparentemente deslocadas revelam-se de suma importância para a hermenêutica e para a filosofia do Direito. Ninguém pode esquecer que foi sobre o cobiçado espólio de Aristóteles que Perelman[232] e Viehweg,[233] entre outros, erigiram o império da dialética sobre o pensamento sistemático, privilegiando, na *Tópica*, o segundo em detrimento do terceiro e principal emprego dos silogismos dialéticos. A realidade é que, em Aristóteles, enquanto os positivistas realçaram-lhe a analítica, os aporéticos destacaram-lhe a tópica. Dois erros. Dois excessos. Dois erros e excessos cometidos, sem dúvida, a partir de visões unilaterais e desfigurantes da unidade interna do *corpus aristotelicum*. Mas o mais grave é que se, uma parte, Perelman e Viehweg ampliaram, de outra, restringiram o impulso e a dimensão da *Tópica* aristotélica. Ampliaram-na quando a transformaram na lógica da lógica jurídica. Restringiram-na no instante em que a converteram em uma lógica apenas do razoável e da verossimilhança, enquanto, para Aristóteles, tratava-se, em alguns casos, também de uma lógica do racional, aplicável, portanto, em face da sua aptidão cognitiva e em consórcio com os silogismos apodícticos, às demais ciências particulares. Para aquila-

---

[231] in *Aristotele*. Milano: Mursia Editore, 1976, p. 95.

[232] Vide *Tratado da Argumentação*. Tradução de Maria Ermantina Galvão G. Pereira, São Paulo: Martins Fontes, 1996; *Ética e Direito*. Tradução de Maria Ermantina Galvão G. Pereira, São Paulo: Martins Fontes, 1996; *Lógica Jurídica*. Tradução de Virgínia K. Pupi, São Paulo: Martins Fontes, 1998; *Retóricas*. Tradução de Maria Ermantina Galvão G. Pereira, São Paulo: Martins Fontes, 1997.

[233] Vide ob. cit., pp. 13-27.

HERMENÊUTICA E SISTEMA JURÍDICO

tar o espaço que separa Perelman de Aristóteles, basta verificar que a demonstração por refutação, núcleo essencial da terceira modalidade de emprego da *Tópica*, simplesmente foi negligenciada pela *Nova Retórica*. Rotulando-o de argumento quase-lógico, Perelman adelgaçou o vigor do silogismo dialético de contradição - com o qual, por exemplo, Aristóteles demonstrou, nada mais nada menos, do que a irrefutabilidade do princípio de não-contradição - de forma que, por este raciocínio, a *Tópica* recebeu uma acolhida, até certo ponto, enfraquecedora e aviltante de seus propósitos originais.

De uma vez por todas, *"o importante, hoje, penso eu, é perceber que ambos os métodos, se corretamente aplicados, não se excluem, mas se completam"*.[234] Substituindo idealismo por dialética e realismo por sistema, talvez seja o caso de dizer, sem trair a essência do pensamento de Schelling, que a dialética é a alma, e o sistema, o corpo da Ciência Jurídica. Somente a união de ambos os métodos pode ensejar uma realidade viva e lídima. Embora o sistema jamais possa fornecer o fundamento ou o princípio para a ação ou para o conhecimento, há de ser ele o veículo mediante o qual o núcleo dialético e axiológico das normas e dos princípios adquire carne e sangue.[235] É por isso que não existe modo de oficializar o discurso aporético sem pressupor o trabalho do conceito. Para além dos dogmatismos ou dos subjetivismos de outros matizes, decididamente não há como separar, com rigidez, a lógica da moral ou a moral da lógica, uma vez que não se tem como conceber uma lógica completamente indiferente à moral ou uma moral totalmente alheia à lógica.

---

[234] Cirne-Lima, Carlos Roberto, in *Dialética para Principiantes*. Porto Alegre: EDIPUCRS, 1996, p. 114.

[235] Vide F. W. Schelling, in *Philosophische Untersuchungen über das Wesen der menschlichen Freiheit*. Schellings Werke, München: C.H. Beck'sche Verlagsbuchhandlung, 1958, vol. IV, p. 248: *"Idealismus ist Seele der Philosophie; Realismus ihr Lieb; nur beide zusammen machen ein lebendiges Ganzes aus. Rie kann der lesste das Princip hergeben, aber er muss Grund und Mittel sehn, worin jener sich verwirklicht, Fleisch und Blut annimmt"*.

Uma moral sem lógica seria como uma melodia sem harmonia, tanto quanto uma lógica refratária à moral soaria como uma partitura sem intérpretes. Em contexto diverso, mas com idêntica orientação epistemológica, Piaget já exclamara que "*a lógica é uma moral do pensamento, como a moral, uma lógica da ação*".[236] Em outras palavras, o princípio ético da lógica está em permitir o diálogo e o princípio lógico da moral em viabilizar coerência na fundamentação das condutas. Assim, transplantando essa idéia para o âmbito do Direito - o qual, desde Aristóteles, se insere no espaço mais amplo e aberto da Ética e da Política - mostra-se razoável asseverar, contra aporéticos e formalistas, que o *sistema é o valor da unidade lógica e os valores a lógica de toda e qualquer ordem jurídica*. É por isso que se converter ao credo do subjetivismo tópico ou ao do positivismo implica, atualmente, dissociar o indissociável. O primeiro segrega o pressuposto sistemático intrínseco à esfera axiológica; o segundo desterra o requisito valorativo imanente à órbita lógico-sistemática. Em síntese, ambos olvidam, a partir de leituras unilaterais e inconsistentes, ora da tradição analítica, ora da tradição dialética, que não há razão prática sem lógica, nem lógica sem razão prática. É como se, na base sistemática da lógica, houvesse, escondido, um valor e, na raiz material dos valores, existisse, implícito, um sistema lógico. Disso exsurge, como saldo, que os irredutíveis e antagônicos domínios da lógica e da moral conformaram e conformam, desde sempre e para sempre, um único e indistinto continente. Talvez seja por esse fundamento que uma das mais valiosas máximas de conduta prescreva rigoroso, prudente e substancial controle contra as antinomias de todo gênero. As inconsistências ou incongruências, assim e em

---

[236] in *O Juízo Moral na Criança*. Tradução de Elzon Lenardon, São Paulo: Summus Editorial Ltda., 1994. p. 295. Também Heidegger, in ob. cit., p. 228, já afirmara que "*a 'lógica' é, por sua vez, uma ética específica, aquela do comportamento de propor enunciados, a ética do 'logos', da enunciação*".

tudo, denunciam, simultaneamente, um crime lógico e axiológico: para agir bem é preciso pensar com rigor. Com Pascal, todos já deveriam ter aprendido que a primeira regra moral é pensar bem,[237] pois, salvo melhor juízo, não há entendimento sem regra, nem razão sem princípio.

Em meio ao dissídio, o que se percebe é que os extremos antitéticos da neutralidade valorativa e da axiologização assistemática têm em comum o equívoco do ponto de partida: um conceito diminuído de racionalidade. Para os dogmático-dedutivistas, a razão prática seria incapaz de prescrever e, para os empírico-indutivistas, incompatível com a unidade sistemática. Já é tempo de se perceber que os enfoques lógico-formal e lógico-dialético, quando tomados isoladamente, não são, em contraste com o que reclama a natureza da ordem jurídica, suficientemente sistemáticos e abertos como deveriam. E o núcleo e a razão mais íntima para esse lapso - sempre superado pela Interpretação Sistemático-Transformadora do Direito - talvez esteja no fato de que formalistas e aporéticos nunca conseguiram encontrar um grande e universal fundamento jurídico no qual se harmonizassem a necessidade lógica de sistema e a exigência axiológica de valores e de princípios. Em outros termos, tudo fica muito mais fácil quando se tem entre as mãos o princípio da hierarquização axiológica, sob cuja natureza convivem, em perfeita e dinâmica sintonia, o mais alto princípio lógico e o mais profundo princípio axiológico. Com efeito, a hierarquização valorativa assegura, de um lado, a sistemática vinculação à ordem jurídica e, de outro, o aporético procedimento de sistematização axiológica. Vale dizer, o intérprete faz escolhas principiológico-normativas, opta por critérios ou tópicos de exegese, mas sempre guiado pelo patrocí-

---

[237] in *Pensées*. Oeuvres Complètes, Paris: Aux Éditions du Seuil, 1969, (200-347), p. 528: *"Travaillons donc à bien penser: voilà le principe de la morale"*.

nio superior, sistemático e jurídico do princípio da hierarquização axiológica. É precisamente a utilização desse metacritério que permite, dentre "*n*" possíveis, a eleição daquela exegese mais sistemática, mais ajustada à teleologia substancial da ordem jurídica e, por conseguinte, mais apta a obter dos valores e regras constitutivos da ordem jurídica a máxima sinergia com a mínima oposição.

À vista disso é que Juarez Freitas, de forma judiciosa, salienta: "*se é certo que a interpretação sistemática tem por objeto o Direito como um todo, elegendo critérios hermenêuticos e, sobretudo, hierarquizando sentidos teleológicos dos princípios, das normas e dos valores, então é igualmente certo que tal interpretação não é - nem deve ser - livre inteiramente, tampouco presa às deliberações ou vontades prévias. É o resultado do exercício de um pensamento sistemático e tópico, ao mesmo tempo. Sistemático, porque sempre atuante o metacritério racionalizador da hierarquização, que assegura a garantia de racionalidade do processo. Tópico, porque a hermenêutica se mostra como o processo empírico e aporético de sistematização discursiva, sendo que o sistema somente ganha contornos definitivos justamente por força da intervenção do intérprete na sua atuação eletiva entre sentidos necessariamente múltiplos*".[238]

Assim, nem se pode afirmar que a tópica é apenas "*um meio auxiliar*" do pensamento sistemático, como predicava Canaris,[239] tampouco que o sistema é um

---

[238] in ob. cit., p. 120. Em outro contexto, mas com igual postura epistemológica, Francis Bacon, empregando metáfora perfeita, já reclamava a vital imbricação entre os métodos dogmático e empírico: "*Todos aqueles que até hoje se ocuparam das ciências foram ou empiristas ou dogmáticos. Os empiristas, à maneira das formigas, contentam-se com amontoar e consumir; os dogmáticos, à maneira das aranhas, tecem teias a partir da sua própria substância. Mas o método da abelha situa-se no meio: recolhe a sua matéria das flores dos jardins e dos campos, mas a transforma e a digere através de uma faculdade que lhe é própria. O verdadeiro trabalho da filosofia cabe perfeitamente nessa imagem. ... Assim, devemos esperar muito de uma aliança mais estreita e mais respeitada entre essas duas faculdades, aliança ainda por se formar*" in ob. cit., p. 126.

[239] Canaris, Claus-Wilhelm, in ob. cit., p. 151: "*...ist die Topik nicht mehr als ein Notbehelf,...*".

recurso, até certo ponto circunstancial, no esforço de resolução tópica do caso concreto, como insinuava Viehweg.[240] Observada a realidade mais de perto, percebe-se que *"a identidade essencial [entre os pensamentos sistemático e tópico] se faz epistemologicamente necessária, até para se entender a relação entre a hermenêutica que busca a sistematização e o objeto jurídico que se mostra permanentemente em mutação. ..., qualquer visão unilateral...peca pela incompreensão medular do pensamento jurídico, sempre tópico-sistemático, por força de sua natureza"*.[241] Como bem realça Juarez Freitas, *"a técnica do pensamento problemático não é diferente em essência da técnica de formação sistemática, ambas facetas do mesmo poder de hierarquizar entre várias possibilidades de sentido"*.[242]

---

[240] Segundo Theodor Viehweg, in ob. cit., p. 106, *"Si osserva che la logica è in verità assolutamente indispensabile, come in ogni altro campo, cosí naturalmente, ma che nel momento decisivo le viene sempre di nuovo assegnato il posto secondario. Il primo posto lo ottiene infatti l'ars inveniendi, a quel modo che intendeva Cicerone quando deceva che la topica aveva la precedenza rispetto alla logica"*.

[241] Freitas, Juarez, in ob. cit., p. 122. Na tarefa de superação do unilateralismo aporético e formalista, convém lembrar Martin Kriele, in ob. cit., [§ 42], p. 160: *"sem mediação com o problema concreto, não se pode interpretar corretamente o texto, e sem mediação com o texto, tampouco se pode resolver corretamente o problema"* (*"Ohne Bezug auf ein konkretes Problem kann zwar der Text nicht richtig interpretiert werden, ohne Bezug auf den Text kann aber auch das Problem nicht richtig gelöst werden"*).

[242] Freitas, Juarez, in ob. cit., p. 122. Além da mútua identidade dos pensamentos sistemático e tópico, o jurista gaúcho também promove, em paralelo, a síntese da *Crítica das Ideologias* (Jürgen Habermas) e da *Hermenêutica filosófica* (Hans-Georg Gadamer). Superando tentativas anteriores, como a de Paul Ricoeur (*Do texto à Ação*, Tradução de Alcino Cartaxo e Maria José Sarabando, Porto: Rés-Editora, 1989, pp. 329-365), demonstra que *"o metacritério de hierarquização axiológica, ínsito ao sistema jurídico, apresenta-se como o resultado vivo da própria necessidade de fazer preponderar tanto o 'logos' crítico, quanto o 'logos' tradicional, de molde a buscar a melhor universalização sistemática no caso concreto, vale dizer, topicamente"* (ob. cit., p.132). Assim, desenvolvendo o trabalho que já realizara em sua tese de mestrado (vide *A Substancial Inconstitucionalidade da Lei Injusta*. Petrópolis: Vozes-EDIPUCRS, 1989), Juarez Freitas põe em evidência a essencial complementaridade entre o impulso hermenêutico de reconhecimento das tradições e pré-condições históricas do fazer jurídico e o impulso crítico desmascarador das falsas consciências desvirtuadoras da comunicação livre de preconceitos.

Uma vez que, em conjunção orgânica e, por isso, dialética, os valores são a alma das normas, parece impossível deixar de concluir que a tópica é a verdade do sistema, e o sistema, a verdade da tópica. Todavia, não há, aqui, simples e estagnante sinal de igualdade entre ambos. A despeito do aparente paradoxo, há, nessa relação, unidade e identidade opositivas. Em perpétuo e cruzado movimento, um é a verdade do outro, porque cada qual se constitui e supera no outro. Isolados, os pensamentos tópico e sistemático seriam, pois, a falácia de si mesmos. Conseqüentemente, dizer da convergência entre tópica e sistema significa, por outro viés, dizer de convergência entre liberdade e vinculação. Haja vista que o todo sistemático não se afigura uma estrutura pronta e imóvel, porém, a rigor, uma permanente tarefa hermenêutica, o sistema só se pode dar a conhecer como uma criatura da liberdade (mas não do arbítrio), já que cada necessária exegese celebra, com maior ou menor força, uma sistematização criadora ou, no mínimo, renovadora. Em suma, no Direito, liberdade e vinculação originam-se de um mesmo e único processo interpretativo tópico-sistemático, onde a lucidez e a verticalidade da razão enfeixam-se como as reais fiadoras do sistema.

9. Da ilustração do papel sistemático-transformador da hermenêutica jurídica no Direito Administrativo[243]

Kant costumava dizer que *"é impossível tornar claras as regras se não dispomos de exemplos com os quais se possa mostrá-las in concreto"*.[244] Acatando a induvidosa autoridade desse alerta, convém ilustrar, com exemplos colhidos do Direito Administrativo, algumas das repercussões palpáveis dessas renovadoras idéias a respeito do sistema jurídico e, em especial, do funcionamento do princípio da hierarquização axiológica e da interpretação sistemático-transformadora do Direito. Com efeito, tais investigações conduzem a várias mudanças - não raro pressentidas, mas, quanto é dado ajuizar, só agora enunciadas ao detalhe - nos conceitos de relação de adminis-

---

[243] Para realizar com mais fidelidade o desiderato de pôr em evidência as virtudes e as inovações do pensamento tópico-sistemático de Juarez Freitas, optou-se por extrair os exemplos doutrinários de aplicação da Interpretação Sistemática justamente de outros dois livros do autor (*Estudos de Direito Administrativo*. São Paulo: Malheiros Editores, 1997, e *O Controle dos Atos Administrativos*. São Paulo: Malheiros Editores, 1999), onde mais facilmente motra-se concreto e elucidador o funcionamento da exegese sistemático-transformadora.

[244] Kant in *Nachricht von der Einrichtung seiner Vorlesungen in dem Winterhalbenjahre von 1765-1766*, Werkausgabe, Frankfurt am Main: Suhrkamp, 1974, vol. II, (A11), p. 913: *"indem es unmöglich ist, die Regeln deutlich zu machen, wenn noch keine Beispiele bei der Hand sind, an welchen man sie in concreto zeigen kann"*.

HERMENÊUTICA E SISTEMA JURÍDICO

tração e de discricionariedade, bem como no quadro consolidado das restrições ao anulamento dos atos administrativos em face do princípio da boa-fé.

9.1. Da relação jurídico-administrativa

O Dr. Ruy Cirne Lima - a quem, guardados os limites de sua época, deve-se reconhecer, com justiça, o haver formulado uma das mais notáveis contribuições sobre o tema - definia a relação jurídico-administrativa como aquela *"que se estrutura ao influxo de uma finalidade cogente"*.[245] A nota teleológica, como *causa finalis* encarnada na clássica perseguição da utilidade pública,[246] operaria, por essa ótica, o discrime entre as relações jurídicas de direito público e as de direito privado. Estas, expressão prioritária da vontade dos particulares, perfectibilizar-se-iam *more subjectivo*, aquelas, prolongamento necessário dos grilhões finalísticos da utilidade pública, *more objectivo*.[247] Nesse compasso, o princípio da utilidade pública, denunciando, supostamente, a via de ascensão do privado ao público, constituiria a pedra de toque das relações jurídico-administrativas. Sem outra possível inteligência, públicas seriam - em linguagem remontante a Seneca, Cicero[248] e às fontes do Direito

---

[245] Cirne Lima, Ruy, in *Princípios de Direito Administrativo*, São Paulo: RT, 1987, p. 51.

[246] in ob. cit., pp. 15-18: *"A utilidade pública é a finalidade própria da administração"*.

[247] Cirne Lima, Ruy, in *Preparação à Dogmática Jurídica*, Porto Alegre: Livraria Sulina, 1958, pp.139-180. Vide, também, do mesmo autor, *Sistema de Direito Administrativo Brasileiro*, Porto Alegre: Gráfica Editora Santa Maria, 1953, pp. 30-40.

[248] Seneca, in *De Clementia*, Traités Philosophiques, Paris: Livrairie Garnier Frères, ed. bilíngüe, vol. II, (I, XIX), p. 188. Cicero, à sua vez, in *De Officiis, Romanorum scriptorum corpus italicum*, Milão: Instituto Editoriale Italiano, 1928, ed. bilíngüe, (I, XXV), p. 116, também fala na *"publicae utilitatem"*, embora, in *De Republica*, Romanorum scriptorum corpus italicum, Milão: Instituto Editoriale Italiano, 1928, ed. bilíngüe, (I, XXV), p. 68, tenha preferido a expressão *"utilitates communione"*.

Romano[249] - apenas aquelas relações cujo desenvolvimento respondesse, de modo coativo e imanente, à específica consecução da *utilitas publica*. A ação vinculada a esse indisponível múnus denotaria, na condição de primeiro intento e *ultima ratio*, o critério comensurador da relação jurídica de Direito Administrativo, já que a preponderância dos fins (*"zweckhaften"*) sobre a vontade caracterizaria, na melhor tradição administrativista,[250] a essência mesma do poder público.

Mas, além de louvar o inestimável avanço proporcionado pelo Dr. Ruy Cirne Lima, parece inadiável, à vista do novo conceito de sistema antes descrito, empreender um avanço complementar e nada conflitante com a sua esplêndida contribuição.[251] Mostra-se urgete elaborar uma Teoria Geral do Direito Administrativo assimilando, até o fim, umas das mais benfazejas conseqüências do pensamento Kantiano. A *utilitas publica* (= interesse público) impõe-se, como *telos* imperativo e categórico, não só às relações jurídico-administrativas, mas a todas as relações que se queiram realmente jurídicas. Ou o Direito é sinônimo teleológico do interesse público, ou é a entronização irracional do arbítrio. Como bem percebe Winfried Brugger, *"Ziel des Rechts ist die Verwirklichung des Gemeinwohls"*.[252] Em cada particular exercício ou concessão de direitos se há de colimar, sempre e em primeiro plano, - e não, em segundo, como pretenderam alguns - a máxima concretização do interesse público. O Direito, tanto o público, quanto o privado, repousa, indisputavelmente, sobre um único fundamento: o interesse público. É por essa razão que

---

[249] in *Digesto*, 1, 1, 7, 1 e *Codicis*, 1, 22, 6; 50, 4; 50, 56.

[250] Forsthoff, Ernst, in *Traité de Droit Administratif Allemand*, Tradução de Michel Fromont, Bruxelles: Établissements Émile Bruylant S.A., 1969, p. 259.

[251] Freitas, Juarez, in *Estudos de Direito Administrativo*, São Paulo: Malheiros, 1995, p. 13.

[252] Brugger, Winfried, in *Konkretisierung des Rechts und Auslegung der Gesetze*, Archiv des öffentlichen Rechts, Tübingen: J.C.B. Mohr (Paul Siebeck), 1994, 119 Band, Heft 1, p. 2: *"A finalidade dos direitos é realização do bem comum"*.

Jürgen Habermas, debruçando-se sobre o problema da esfera pública, dirá, com terminante concisão, que, *"em sentido Kantiano, todo o Direito Civil é público"*.[253]

Como bem ensina Juarez Freitas, *"por todas as áreas onde se pousar a atenção, ver-se-á que, ainda quando sensivelmente menos assimétricas, no tocante aos partícipes, as relações ditas de Direito privado são, ou devem ser, de algum modo, marcadas - no âmago - pela mesma orientação teleológico-finalística de matiz publicista, é dizer, de finalidade social. Em outros termos, um certo viés publicista se faz presente em todas as relações jurídicas, até porque o ordenamento apenas se faz viável e se legitima pela aceitação de sua natureza pública (não simplesmente estatal) a guiar as mais variadas condutas..."*.[254] Os direitos conferidos aos particulares carregam, pois, o mesmo timbre finalístico das regras impostas aos governantes. Uma dualidade teleológica, tipificada pelo rígido contraste entre *"utilitatem publicam"* e *"singulorum utilitatem"*,[255] consumaria um irremediável abismo entre Indivíduo e Estado. Sem sombra de dúvida, o Direito é imperativo público instituído pela sociedade para a sociedade,[256] razão pela qual o todo e a parte, quando em plena consonância com o interesse público, são, para além de estanques assimetrias, absolutamente iguais.[257] Numa frase, só o interesse público

---

[253] Habermas, Jürgen, in *Strukturwandel der Öffentlichkeit*, Frankfurt am Main: Suhrkamp Verlag, 1990, p. '184: *"Im Kantische Sinne ist das bürgerliche Recht insgesamt öffentlich"*.

[254] Freitas, Juarez, in ob. cit., p. 13. Como bem observa Léon Duguit, in *Manuel de Droit Constitutionnel*, Paris: Ancienne Librairie Fontemoing & Cie - Éditeurs, 1918, p. 42: *"Dans les rapports des gouvernants avec les gouvernés et dans les rapports des gouvernés antre eux, il n'y a et il ne peut y avoir qu'une règle de droit toujours la même: coopérer à la solidarité sociale"*.

[255] in *Digesto*, 1, 1, 7, 1 e 1, 1, 1, 2 e *Institutiones*, 1, 1, 1, 4.

[256] Freitas, Juarez, in ob. cit., p. 12.

[257] Idem: in ob. cit., p. 14. Como diz Carleton Kemp Allen, in *Law in the Making*, Oxford: The Clarendon Press, 1956, p. 405, *"In modern democratic communities, the formula 'superior and inferior', or 'sovereign and subject', expresses only one aspect, and not the most important, of the relationship between State and individual. The notion of a social contract, so far as it expresses mutuality of rights and duties between governor and governed - so far, too, as it expresses a*

torna o indivíduo e o Estado completos. Ao lhe prestarem obediência, nada mais fazem do que obedecer ao que neles e entre eles há de mais nobre e elevado. É com esse espírito que Rousseau, num rasgo de gênio, costumava dizer que, no território universalizável da *"vontade geral"* (*"volonté général"*), não há nem superiores nem inferiores. Todos são iguais porque, unindo-se ao todo através do interesse público, ninguém obedece senão a si mesmo.[258] A unidade dos fins, selada pelo *"öffentliche interesse"*, fundando o critério racional da autonomia, erige, simultaneamente, o critério da igualdade, pondo abaixo as barreiras entre cidadão e Estado ao fazê-los parceiros e co-promotores do mesmo e único *telos*. Para o governo como para os cidadãos vale, portanto, a mesma máxima: só a vontade consociada ao dever universalizável do interesse público é realmente livre, jurídica e racional.[259]

Como se vê, o que peculiariza, hodiernamente, a relação jurídico-administrativa, não é tanto *"a subordinação à finalidade cogente"*, o que também sucede com as

---

compromise of individual liberty for the common weal - has not been without its lesson for the modern world; ...". Neste idêntico sentido, Carlos Ari Sundfeld afirma, com razão, que *"o interesse público tem apenas prioridade em relação ao privado; não é, porém, supremo frente a este. ... O interesse público não está acima da ordem jurídica; ao contrário, é esta que o define e protege como tal. Ademais, o interesse público não arrasa nem desconhece o privado, tanto que o Estado, necessitando de um imóvel particular para realizar o interesse público, não o confisca simplesmente, mas o desapropria, pagando indenização (o que significa haver proteção jurídica do interesse do proprietário, mesmo quando conflitante com o do Estado)"* (in *Fundamentos de Direito Público*. São Paulo: Malheiros Editores, 1992, p. 147).

[258] Rousseau, in *Du Contrat Social*, Oeuvres Complètes, Paris: Aux Éditions du Seuil, 1971, vol. II, (Liv. I, cap. VI), p. 522: *"s'unissant à tous, n'obéisse pourtant qu'à lui-même, et reste aussi libre qu'auparavant"*. E, mais adiante, diz: *"Ce n'est pas une convention du supérieur avec l'inférieur, mais une convention du corps avec chacun de ses membres...Tant que les sujets ne sont soumis qu'à de telles conventions, ils n'obéissent à personne, mais seulement à leur prope volonté"* (Liv. II, cap. IV, p.528).

[259] Além do já citado Rousseau, vide, por todos, Kant, in *Grundlegung zur Metaphysik der Sitten*, Werkausgabe, vol. VII, Frankfurt am Main: Suhrkamp Verlag, 1974.

HERMENÊUTICA E SISTEMA JURÍDICO

demais relações jurídicas, mas, como predica Juarez Freitas, *"a imantação ditada pelos princípios superiores, explícitos ou implícitos, regentes da Administração Pública (notadamente moralidade, impessoalidade, legalidade, economicidade, publicidade e confiança ou boa-fé), fazendo por estremá-la da relação apontada como privatista, sem deixar de reconhecer que esta também deve subordinação, no Estado Democrático, ao 'telos' maior do interesse público..."*.[260] Assim, do referido princípio do interesse público - vinculante de todos os ramos da ciência jurídica - decorrem alguns outros princípios mais afeiçoados à Administração pública de cuja especificidade se desenha o perfil autônomo do regime administrativo. Reflexo natural do conceito de sistema acima analisado, *"as relações jurídico-administrativas são concepcionadas, pois, como aquelas que se orientam pelo sistema de princípios, normas e valores regentes da Administração Pública"*,[261] de sorte que, a rigor, *"quem administra... não é o agente na sua particularidade, nem mesmo a Administração Pública, considerada, por igual, na sua particularidade"*, mas os princípios, normas e valores conformadores do Direito Público e viabilizadores da *"teleologia superior do interesse da sociedade"*.[262]

---

[260] Freitas, Juarez, in ob. cit., p. 13.

[261] Idem: ob. cit., p. 16.

[262] Idem: ob. cit., p. 12. A idéia de que os princípios e não os administradores devem governar, representa, a partir do novo conceito de sistema jurídico acima proposto (capítulo 3), um passo a mais e além em relação à contribuição, quase sempre atribuída a Montesquieu, no sentido de ser preferível o governo das leis ao governo dos homens, contribuição essa cuja origem, na verdade, remonta, num primeiro momento, a Platão e, num segundo, a Aristóteles. Fazendo uma espécie de revisão crítica do modelo desenvolvido na *República*, o Platão das *Leis*, antes de todos, afirmou precursoramente: *"Quant à celui où la loi serait ce à quoi l'on commande et qui est dépourvu de souraineté, je vois en effet la ruine toute prête pour un tel État; tandis que, pour celui où la loi est maîtresse à l'égard des chefs et où les chefs sont les esclaves de la loi, j'observe l'apparition de tous les biens dont les Dieux ont fait présent aux Cités"* (*Lois* in ob. cit., vol. II. p. 762). Com efeito, o Platão da maturidade substituiu, vanguardeiramente, a figura do *rei filósofo* pelo *guardião das leis*. Aristóteles, por sua vez, também optou pelo governo das leis quando salienta, em linguagem antecipadora do discurso iluminista, que *"os governantes devem estar imbuídos do princípio geral existente na lei "* (in *Política*.

9.2. Do anulamento dos atos administrativos em face do princípio da boa-fé

A história do princípio da legalidade e de sua imposição ao Poder Público não terminou com o clássico Estado de Direito. O tema reapareceu, na atualidade, no bojo do desenvolvimento do Estado Democrático de Direito e das críticas endereçadas àqueles que o concebem como um simples e fechado sistema de normas (Kelsen). Grandes mudanças têm lugar - muitas das quais subvertendo, em pontos relevantes, regras ainda correntes - quando se percebe, nesse assunto, que o Direito não se constitui apenas de normas, mas, sobretudo, de princípios e de valores jurídicos. O ser do Direito não se esgota na acanhada e formalista dimensão ontológica das normas. Acima da lei, ao lado do princípio da legalidade e, por conseguinte, dentro do sistema, há, *"como objetivos fundamentais do Estado"* (*"Staatszielbestimmungen"*),[263] um compósito axiológico formado por vários outros princípios e valores, expressa ou implicitamente, acolhidos pela Constituição. São esses princípios e valores que, dotados de uma função genética ou seminal com respeito às normas e aos atos administrativos, põem em movimento o Direito Administrativo e a própria Administração Pública. Com efeito, os agentes públicos devem sujeição não apenas ao solitário princípio da legalidade, mas, por igual, aos demais princípios integrantes da ordem jurídica. É da dialética

---

Oxford: Oxford Classical Texts, 1988, [1286, b, 5-7], p. 102) e, mais adiante, ao remarcar que *"não há Constituição onde as leis não governam;...[pois] as leis devem governar tudo..."* (in ob. cit., [1292, a, 32-33], p. 120). Aristóteles estava convencido de que *"a lei é a inteligência sem paixões"* (in ob. cit., [1287, a, 33], p. 104) , motivo por que *"a lei manda e decide melhor"* (in ob. cit., [1287, b, 15-20], p. 105). Para o Estagirita, *"...viver de conformidade com os preceitos constitucionais não é escravidão, mas salvação"* (in ob. cit., [1310, a, 35-38], p. 172).

[263] Achterberg, Norbert, in *Allgemeines Verwaltungsrecht* (Lehrbuch), Heidelberg: C.F. Müller Juristischer Verlag, 1982, (§ 5, 1), p. 73.

HERMENÊUTICA E SISTEMA JURÍDICO　　　　**145**

sistematização desses princípios, normas e valores fundamentais que depende, no caso concreto, o melhor equacionamento de todos os problemas jurídicos.

O caso paradigmático do anulamento dos atos administrativos, até ontem dominado somente pelo princípio da legalidade, ganhou nova perspectiva com a arejada ampliação do conceito de sistema. Se a exegese unidimensional do princípio da legalidade cuidara de prescrever a implacável regra da supressão dos atos administrativos irregulares, a hermenêutica sistemática da totalidade dos princípios conformadores do regime administrativo tratou, à sua vez, de instituir-lhe as exceções. De acordo com Hartmut Maurer, *"antigamente valia o princípio jurídico de que o ato administrativo constitutivo de direitos que não fosse legal e não estivesse em consonância com o mandamento da legalidade da administração, poderia ser suprimido, de regra, a qualquer momento. A ilegalidade constituía o fundamento para a anulação ... . Aproximadamente na metade da década de 50, a jurisprudência criou uma mudança fundamental. Distanciou-se da anterior concepção jurídica e limitou o anulamento dos atos administrativos, sob a alegação de que a proteção do Princípio da Confiança deveria ser considerada"*.[264]

Para ser mais claro, a legalidade tornou-se apenas um dos tantos princípios aos quais o Poder Público deve sistemático e teleológico acatamento no exercício do dever-poder de anulação dos atos administrativos ilegais. Os princípios da proteção da boa-fé e da confiança, conjugados à passagem de um longo lapso temporal, podem, por isso, lançar obstáculo definitivo à invalida-

---

[264] Maurer, Hartmut, in *Allgemeines Verwaltungsrecht*, München: C.H. Beck'sche Verlag, 1985, (§ 11, III, 1, 21, a), pp. 222-223: *"Früher galt der Rechtsgrundsatz, dass rechtswidrige begünstigende Verwaltunsakte - entsprechend dem Gebot der Gesetzmässigkeit der Verwaltung - in der Regel jederzeit zurückgenommen werden können. Die Rechtswidrigkeit war Rücknahmegrund... Etwa Mitte der 50er Jahre vollzog die Rechtsprechung einen grundlegenden Wandel. Sie rückt von der bisherigen Rechtsauffassung ab und schränkte die Rücknehmbarkeit begünstigender Verwaltungsakte unter Berufung auf das Vertrauensschutzprinzip erheblich ein"*.

146   *Alexandre Pasqualini*

ção de atos administrativos constitutivos de direitos, ainda quando eivados de ilegalidade.[265] O resguardo da paz social e do interesse público predominantes, conduzem, sem outra alternativa, à axiológica hierarquização da segurança jurídica em detrimento da legalidade formal. Como anota Ernst Forsthoff, *"a necessidade de proteger a confiança dos administrados sobrepuja, aqui, o princípio da legalidade"*.[266]

No Direito Administrativo italiano, Cino Vitta, conquanto não faça expressa alusão aos princípios da boa-fé e da confiança, invocando, de forma genérica, o interesse público acrescido à vasta distância no tempo, adverte: *"certo, quando l'atto illegittimo abbia dispiegati i suoi effetti da poco, converrà annullarlo; ma a grande distanza di tempo può apparire invece opportuno di mantenere l'atto in vita, tuttochè illegittimo, al fine di non sconvolgere stati di fatto, ormai consolidati, per un formale ossequio al principio astratto della legittimità. Non si dimentichi che l'ordinamento giuridico è conservatore nel senso di rispettare fatti avvenuti da lunga data anche se non conformi alla legge; si comprende pertanto come un annullamento di troppo tardivo senza forti ragioni di pubblico interesse sia stato definito dalla giurisprudenza come viziato d'eccesso di potere"*.[267]

Sob a influência determinante do mesmo interesse público, também assim se posiciona Umberto Fragola: *"Certo è che dottrina e giurisprudenza suggeriscono di adoperare il delicato potere de annullamento di ufficio con estrema cautela, e ciò proprio perchè la legge dà questo potere, all'amministrazione, 'in ogni tempo'; il che sta ad indicare che il consolidarsi di situazioni, per effetto di atti amministrativi,*

---

[265] Freitas, Juarez, in ob. cit., p. 25.

[266] Forsthoff, Ernst, in ob. cit., p. 396: *"La nécessité de protéger la confiance des intéressés l'emporte ici sur le principe de légalité"*. No mesmo sentido, vide Jean Rivero in *Droit Administratif*, Paris: Dalloz, 1973, p. 103: *"La jurisprudence estime la securité juridique plus importante que la légalité elle-même"*.

[267] Vitta, Cino, in *Diritto Amministrativi*, Torino: Unione Tipografico Editrice Torinese, 1962, (vol. I, n.96), pp. 488-489.

HERMENÊUTICA E SISTEMA JURÍDICO

non è mai a ritenersi un fatto compiuto e definitivo; ma sta tuttavia ad indicare che gli interessi del privato devono del pari essere considerati, e che in mancanza di un prevalente interesse pubblico, ancora attuale, è meglio mantenere in vita un atto irregolare, anzichè annullarlo e rovinare, senza plausibili ragioni, situazioni consolidate nel tempo, interessi individuali e talvolta nello stesso interesse pubblico". [268]

Ademais, o próprio conceito de nulidade adquire nova e inquestionável estatura em face do redimensionamento do sistema jurídico. Doravante, nulo (= não-sistematizável) é apenas o ato administrativo que agride a totalidade dos princípios determinantes do regime administrativo, ao passo que anulável se afigura o ato que, ferindo-os parcialmente, recebe, em compensação, o amparo de outros princípios hierarquizados pela ordem jurídica. Como arremata Juarez Freitas, *"nulo é apenas o ato administrativo que afronta irremediavelmente a íntegra dos princípios juspublicistas, enquanto anulável aquele que não os afeta necessária e gravemente, merecendo, em circunstâncias especiais, ser convalidado em respeito a este ou àquele princípio que seria afrontado pelo ato de anulação".* [269]

9.3. Da discricionariedade vinculada

Homenageando a metáfora de Nicolaus Cusanus,[270] a discricionariedade está para a desvinculada liberdade assim como o polígono para o círculo: quanto maior for o número de ângulos no polígono, tanto mais semelhante será ao círculo; porém, nunca chegará a existir perfeita coincidência, ainda quando os ângulos se multipliquem ao infinito. Idêntica lógica vale também para os atos

---

[268] Fragola, Umberto, in *Gli Atti Amministrativi*, Napoli: Casa Editrice Dott. Eugenio Jovene, 1964, (Cap. VI, 6), pp. 194-195.

[269] Freitas, Juarez, in ob. cit., p. 24.

[270] Vide Philotheus Boehner e Étienne Gilson, in *História da Filosofia Cristã*. Tradução de Raimundo Vier, Petrópolis: Editora Vozes, 1982, p. 568.

vinculados na sua relação com a rigorosa heteronomia. Na seara jurídica, não há, portanto, nem total vinculação, nem completa discricionariedade em face do sistema. Sempre pressuposta a origem democrática, é como se o sistema jurídico vivesse e sobrevivesse da simultânea liberdade e vinculação ao seu aberto substrato de valores, princípios, normas e precedentes. Em maior ou menor medida, sempre há, ao mesmo tempo, alguma vinculação e discrição. Com efeito, liberdade e vinculatividade não se encontram, por isso, em situação de confronto, mas, como saudável defesa contra predileções e subjetivismos irracionais, caminham juntas, em permanente sincretismo, numa espécie de livre vinculação sistemática.[271] Tudo não passa, assim, de um problema de intensidade. Casos há em que o balizamento normativo parece quase absoluto, outros em que a franquia beira à pura liberdade. Mas o fato é que os limites extremos da plena adscrição e da inteira autonomia nunca têm lugar. Como a ordem jurídica se estrutura a partir da sistemática e vertical concatenação de normas, princípios e valores, a chamada discricionariedade se manifesta, apenas e tão-somente, no âmbito mais restrito e inferior das leis positivas, nunca em relação às indisponíveis e onipresentes diretrizes principiológicas do sistema. Toda discrição administrativa está, desde sempre, jungida ao governo teleológico das máximas jurídicas hierarquizadas, implícita ou obliquamente, pelo ordenamento. Trata-se, acima de qualquer incerteza, de uma liberdade vinculada.[272]

A relação entre autonomia discricionária e princípios jurídicos lembra, quase em tudo, a relação, muito bem minudenciada por Aristóteles,[273] entre *"phrónesis"* e

---

[271] Vide Hans J. Wolff e Otto Bachof, in ob. cit., [vol. I, § 31], p. 186, quando afirmam: *"Freiheit und Gebundenheit sind also nicht kontradiktorische Gegensätze, sondern können mancherlei Verbindungen miteinander eingehen"*.

[272] Vide Hartmut Maurer, in ob. cit., [§ 7, 4, 10], p. 95.

[273] Aristóteles, in *Ethica Nicomachea*. Oxford: Oxford Classical Texts, 1988, (1145, a, 6-11), pp.129-130.

"*sophía*". Assim como a "*phrónesis*" se governa em vista da "*sophía*", sem jamais governá-la, também a discricionariedade, por sua vez, governa-se em face dos princípios, sem, no entanto, nunca os governar. Tudo somado, a prudência e a discrição se fazem servas da sabedoria e dos princípios, pois, enquanto a prudência e a discrição conhecem os meios, a sabedoria e os princípios conhecem os fins.

Assim, a exemplo da própria idéia geral de liberdade, a discricionariedade se realiza como sistemática e vinculante necessidade teleológica, uma vez que toda e qualquer independência se revela, em alguma medida, dependente do sistema. A liberdade, não a recebe o Administrador como imediaticidade indeterminada, mas, bem ao reverso, como imediaticidade determinada. Vale dizer, as condicionantes mais elementares do poder discricionário emergem justamente dos princípios constitutivos do próprio sistema desta liberdade: a ordem jurídica. Não há lugar, pois, para uma aptidão de exercício fortuito. Nenhuma discricionariedade jamais desenvolve o seu trabalho a partir do nada ou do vácuo jurídicos. Tal como uma pluma lançada ao vento, onde coisa alguma a prende e, no entanto, tudo a imobiliza, quanto mais desvinculada parecer uma decisão, tanto mais vinculada ao acaso e ao desconhecido ela se mostrará. Nunca há completa discricionariedade, porque, afinal de contas, inexistem pensamentos ou ações vazios: queiram ou não, já sempre haverá o governo determinante e determinador de algum motivo ou de alguma razão. É por isso que, através dos princípios, o mesmo sistema que concede a discrição, concede, noutro patamar, as luzes aptas a orientar os passos do administrador. Longe de ser causa ou fonte exclusiva de si mesmo, eis um poder já antes conformado por uma racionalidade que o constituiu para, depois, como horizonte hierarquizador, guiá-lo. Ao avaliar as circunstâncias e as conveniências da Administração, o agente público recebe dos princípios o impulso e a orientação para discernir a alternativa melhor e mais consentânea ao superior interesse público. É impossível, por via de reflexo, separar essa legítima eleição administrativa da matriz principiológica da qual todas decisões, vinculadas ou discricionárias, obtêm validade e eficácia. Como diria Hegel, a discricionariedade não se confunde com a fúria do livre-arbítrio. A administração sempre se movimenta, dessa forma, no *chiaroscuro* de uma discricionariedade vinculada.

Projetado como poder completamente infenso a determinações, a discrição administrativa transformar-se-ia na voluntarista liberdade do vazio ou, mais grave ainda, na jacobina liberdade do irracional. Decididamente, o poder discricionário não se estabelece como um sistema de relações de independência absolutas. Na imediaticidade do agir discricionário está inscrito, desde o início, o selo axiológico de um ordenamento jurídico aberto e preexistente. A suposta subjetividade discricionária só consegue apreender-se nessa objetiva vinculação sistemático-axiológica que, por um lado, formou-a e que, por outro, ela própria contribui para formar e reformar. É como se a subjetividade autônoma fosse produzida e, também, auxiliasse, na obrigatória mediação com os princípios, a produzir a objetividade do direito vivo. Assim, sistema e liberdade só coexistem na e através da necessidade de vinculação aos princípios.

Ao demais, no Estado Democrático de Direito, todo o poder se constitui como sistemática emanação das normas, princípios e valores conformadores do ordenamento, motivo por que o poder discricionário só é jurídico, quando atrelado, finalisticamente, às imanentes vigas axiológicas do ordenamento. É por isso que, mais e sempre, *"ter-se-á, ..., de ver o ato do administrador como devendo estar, em maior ou menor grau, vinculado, mas não apenas à legalidade, senão que à totalidade dos princípios regentes das relações jurídico-administrativas, notadamente em respeito àqueles de vulto constitucional*".[274] Acompanhando, neste passo, Hans-Uwe Erichsen e Wolfgang Martens, cabe afirmar que toda discricionariedade administrativa, em suas múltiplas figurações, rende-se à vinculatividade dos princípios constitucionais, assim do Estado de Direito como do Estado Social.[275] A discrição é fecundada pelo sopro democrático dos princípios, e não pelo hálito totalitário do arbítrio. Em outras palavras, até mesmo esse tipo mais rarefeito de competência permanece, de modo invariável, subordinada à linha de unidade lógica e valorativa intrínseca ao sistema. Afinal, acima dos princípios jurídicos, não há nem Administração, muito menos administrador: há apenas irracionalidade. Como aponta, incisivamente, Juarez Freitas, *"discricionariedade não vinculada aos princípios é, por si mesma, arbitrariedade"*.[276]

---

[274] Freitas, Juarez, in ob. cit., p. 129. Cumpre evidenciar que, em todas as hipóteses, trata-se, indisputavelmente, de princípios jurídicos, e não de prescrições não-jurídicas.

[275] in *Allgemeines Verwaltungsrecht*, Berlin-New York: Walter de Gruyter, 1981, [§ 12, II, 2], p. 183: *"Bindungen des behördlichen Ermessens ergeben sich darüber hinaus vor allem auch aus dem Verfassungsrecht, so aus den Prinzipien der Sozialstaatlichkeit und der Rechtsstaatlichkeit"*.

[276] in ob. cit., p. 140.

10. Conclusões

A Hermenêutica Sistemático-Transformadora do Direito, na perspectiva desbravada por Juarez Freitas, oferece contribuições cuja importância e repercussão para a Teoria Geral do Direito os trabalhos futuros, independentemente da filiação filosófica, já não poderão mais desconhecer. A busca da melhor exegese como pressuposto intranscendível da hermenêutica, o novo conceito de sistema jurídico, a visão mais abrangente de antinomias jurídicas, a concepção bastante inovadora de interpretação sistemática - apta a superar contradições e a preencher lacunas - e a descoberta, quanto se constata, ainda mais relevante e pioneira, do princípio da hierarquização axiológica - princípio de todos os princípios jurídicos - tudo isso parece concorrer para que se inaugure uma perspectiva filosófica muito rica, onde o Direito, superando os *deficits* de racionalidade e de sistematização das metodologias exclusivamente tópicas, poderá ser *"visto, ensinado e aplicado como o lídimo sistema normativo do Estado Democrático"*.[277]

Metodologicamente pluralista (sem ser anarquista), a Interpretação Sistemático-Transformadora devolve ao intérprete uma liberdade e uma responsabilidade que, por caminhos distintos, ele tinha perdido pela ação mais comum das escolas da exegese e da *libre recherche*. Desmentindo, quer o indiferentismo, quer o conformismo, o que ela pede e cobra de cada exegeta não são os

---

[277] Freitas, Juarez, in ob. cit., p. 189.

HERMENÊUTICA E SISTEMA JURÍDICO **153**

isolados deveres para com o objetivismo ou o subjetivismo, contudo, mais aquém e mais além, os compromissos com o destino intersubjetivo da vida e da justiça. Uma justiça que, sem dúvida, conhece limites reais e, exatamente por isso, reclama dos juristas-juízes-intérpretes a máxima criatividade, competência e ânimo no sentido de extrair do sistema, *hic et nunc*, todas as suas já disponíveis virtudes materiais. Enquanto método de todos os métodos de compreensão do Direito, a Hermenêutica Sistemático-Transformadora não pretende fazer com que a última hierarquização de cada ser humano seja canonicamente idêntica, mas, em compensação, *insistindo na procura e na existência do melhor*, resgata a possibilidade de instâncias de controle racionais e comunicativas.

Arrebatando o poder dos ídolos absolutos, sejam negativos (ceticismo), sejam positivos (dogmatismo), a Interpretação Sistemático-Transformadora adjudica-o, sem titubeio, à busca prudencial, dialógica e hierarquizadora das melhores exegeses. Com o pensamento dialético, aprendeu que qualquer interpretação, de uma forma ou de outra, recria o universo jurídico; com o pensamento analítico, entendeu que não há como verdadeiramente inovar sem sistematicamente conservar. É por essa razão que, em perfeita simetria e sincronia, o binômio resistência-maleabilidade, que caracteriza o espírito do conceito de sistema jurídico aberto, se faz acompanhar, no plano hermenêutico, pelo binômio criação-conservação, que identifica a essência da Exegese Sistemático-Transformadora. Enquanto o fio da *resistentia* conecta-se ao da *conservatio*, o fio da *malleabilitate* liga-se ao da *creatio*, mostrando, com nitidez, de outra parte, a necessária imbricação, já por Aristóteles antevista e praticada, entre os pensamentos Tópico e Sistemático. Em definitivo, eis por que o momento dialético-heurístico só frutifica quando em conjunção com o instante analítico-unificador. Assim, tudo computado, comprova-se que o estatuto teórico da Interpretação Sistemático-Transformadora, ele próprio, passa no teste da aberta sistematicidade - cada idéia conjuga-se às demais em perfeita unidade e coordenação lógicas: tudo pretende harmonizar-se com tudo.

Mas, mais do que isso, levando a sério o conselho de Schelling no sentido de se transcender às cegas dissensões, colimando, ao reverso, o que subsiste fora e acima de toda contraposição,[278] a Hermenêutica Sistemático-Transformadora interpreta a si mesma e, portanto, ao Direito, como um instrumento cuja finalidade constitutiva está em servir de elemento de integração e de aproximação axiológicas: onde há clausura, leva a abertura; onde há antinomias, restaura a unidade; onde há lacunas, proporciona a completabilidade e onde há exuberância, oferece, enfim, o socorro, mais material do que formal, da hierarquização valorativa. Em síntese, doravante, toda exegese, bem como todo sistema jurídico, só poderão ser compreendidos no seu momento integrativo-hierarquizador e, em razão disso, mais próximos da senda do Direito visto como manifestação e concretização da dignidade do ser humano, na sua perene, desafiadora e verticalizante meta de perfectibilização no seio deste sistema maior chamado vida (zoé).

---

[278] in *Philosophische Untersuchung über das Wesen der menschlichen Freiheit.* Schellings Werke, München: C.H. Beck'sche Verlagsbuchhandlung, 1958, p. 308: *"Es ist nicht die Zeit, alte Gegensätze wieder zu erwecken, sondern das ausser und über allem Gegensatz Liegende zu suchen"*.

Bibliografia

ABEL, Günter. *Interpretationswelten*. Frankfurt am Main: Suhrkamp Verlag, 1995.

ABRAMS, M.H. *Doing Things with Texts: Essays in Criticism and Critical Theory*. New York, 1989.

ACHTERBERG, Norbert. *Allgemeines Verwaltungsrecht*. Heidelberg: Decker & C.F. Müller, 1985.

ADORNO, Theodor W. *Aufsätze zur Gesellschaftstheorie und Methodologie*. Frankfurt am Main: Suhrkamp Verlag, 1970.

AGOSTINHO, Santo. *On Christian Doctrine*. vol. 18, Great Books of Western World, Chicago: Encyclopaedia Britannica, 1952.

ALEXY, Robert. *Theorie der Grundrechte*. Frankfurt am Main: Suhrkamp Verlag, 1994.

——. *Sobre las relaciones necesarias entre el derecho y la moral*. Derecho y Moral, Barcelona: Gedisa editorial, 1998, pp. 115-137.

——. *Recht, Vernunft, Diskurs*. Frankfurt am Main: Suhrkamp Verlag, 1995.

——. *Theorie der juristischen Argumentation*. Frankfurt am Main: Suhrkamp Verlag, 1996.

——. *Begriff und Geltung des Rechts*. München/Freiburg:Verlag Karl Alber, 1994.

ALLEN, Carleton Kemp. *Law in the Making*. Oxford: At The Clarendon Press, 1956.

AMSELEK, Paul. (org.) *Interpretation et Droit*. Brylant/Bruxelles: Presses Universitaires d'Aix-Marseille, 1995.

——. *Méthode Phénoménologique et Théorie du Droit*. Paris: LGDJ, 1964.

APEL, Karl-Otto. *Transformation der Philosophie*. vols. I e II, Frankfurt am Main: Suhrkamp Verlag, 1973.

——. *Diskurs und Verantwortung*. Frankfurt am Main: Suhrkamp Verlag, 1990.

——. *Discussion et Responsabilité*. Tradução de Chritian Bouchindhomme, Marianne Charrière e Rainer Rochlitz, Paris: Les Éditions du Cerf, 1996.

——. *Lenguaje*. vol. II, Conceptos Fundamentales de Filosofia, Barcelona: Editorial Herder, 1978.

——. *Fallibilismus, Konsenstheorie der Wahrheit und Letztbegründung*. Philosophie und Begrundung, Frankfurt am Main: Suhrkamp Verlag, 1987, pp. 116-211.

HERMENÊUTICA E SISTEMA JURÍDICO

ARAÚJO DE OLIVEIRA, Manfredo. *Reviravolta Lingüístico-Pragmática na Filosofia Contemporânea*. São Paulo: Edições Loyola, 1996.

ARENDT, Hannah. *Lições sobre a Filosofia Política de Kant*. Tradução de André Duarte de Macedo, Rio de Janeiro: Relume Dumará, 1993.

ARISTÓTELES. *De L'Interprétation*. Tradução de J. Tricot, Paris: Librairie Philosophique J. Vrin, 1994.

———. *Metaphysica*. Edição trilíngüe de Valentín Gacía Yebra, Madrid: Editorial Gredos, 1982.

———. *Ethica Nicomachea*. Oxford: Oxford Classical Texts, 1988.

———. *Politica*. Oxford: Oxford Classical Texts, 1988.

———. *Topica et Sophistici Elenchi*. Oxford: Oxford Classical Texts, 1989.

———. *Prior Analytics*. Tradução de A. J. Jenkinson, vol. 8, Great Books of Western World, Chicago: Encyclopaedia Britannica, 1952.

———. *Posterior Analytics*. Tradução de G.R.G. Mure, vol. 8, Great Books of Western World, Chicago: Encyclopaedia Britannica, 1952.

———. *De L'Ame*. Tradução de J. Tricot, Paris: Librairie Philosophique J. Vrin, 1985.

———. *Éthique a Eudème*. Tradução de Vianney Décarie, Paris/Montréal: Librairie J. Vrin/Les Presses de l'Université de Montréal, 1978.

ARON, Raymond. *Les Étapes de la Pensée Sociologique*. Paris: Gallimard, 1967.

ARONNE, Ricardo. *Propriedade e Domínio*. Rio de Janeiro: Renovar, 1999.

AUBENQUE, Pierre. *El problema del ser en Aristóteles*. Tradução de Vidal Peña, Madrid: Taurus Ediciones, 1984.

AUDI, Robert (org.). *The Cambridge Dictionary of Philosophy*. Cambridge: Cambridge University Press, 1997.

BACELLAR FILHO, Romeu Felipe. *Princípios Constitucionais do Processo Administrativo Disciplinar*. São Paulo: Max Limonad, 1998.

BACON, Francis. *Novum Organum*. vol. 30, Great Books of Western World, Chicago: Encyclopaedia Britannica, 1952.

BADURA, Peter. *Staatsrecht*. München: Beck'sche Verlag, 1986.

BENDA, Ernst. *Der Soziale Rechtsstaat*. Handbunch des Verfassungsrechts, Berlin-New York: Walter de Gruyter, 1983.

———. *Handbuch des Verfassungsrecht*. Berlin-New York: Walter de Gryter, 1983.

BERTALANFFY, Ludwig. *Teoria Geral dos Sistemas*. Tradução de Francisco M. Guimarães, Petrópolis: Editora Vozes Ltda., 1973.

BERTI, Enrico. *Le Ragioni di Aristotele*. Roma: Laterza & Figli, 1989.

———. *La Filosofia del primo Aristotele*. Milano: Vita e Pensiero, 1997.

———. *Aristotele nel novecento*. Roma: Laterza & Figli, 1992.

BETTI, Emilio. *Teoria Generale della Interpretazione*. vols. I e II, Milano: Dott. A. Giuffrè-Editore, 1955.

BLACKSTONE, William. *Commentaries on the Laws of England*. Chicago & London: The University of Chigaco Press, 1979.

BLOCH, Ernst. *Subjekt-Objekt*. Frankfurt am Main: Suhrkamp Verlag, 1990.

———. *Naturrecht und menschliche Würde*. Frankfurt am Main: Suhrkamp Verlag, 1985.

BLOOM, Harold. *Um Mapa da Desconstrução*. Tradução de Thelma Médici Nóbrega, Rio de Janeiro: Imago Editora, 1995.

BOAVENTURA, São. *Obras escolhidas*. Tradução bilíngüe de L.A. de Boni, Porto Alegre: Sulina/UCS, 1983.

BOBBIO, Norberto. *Giusnaturalismo e Positivismo giuridico*. Milano: Edizioni di Comunitá, 1972.

———. *Teoria della norma giuridica*. Torino: G. Giappichelli, 1958.

———. *Studi per una teoria generale del diritto*. Torino: G. Giappichelli, 1970.

———. *Studi sulla teoria generale del diritto*. Torino: G. Giappichelli, 1955.

———. *Introduzione alla Filosofia del Diritto*. Torino: G. Giappichelli, sem data.

———. *Teoria dell'ordinamento giuridico*. Torino: G. Giappichelli, 1960.

———. *Teoria do Ordenamento Jurídico*. Tradução de Cláudio Cicco e Maria Santos, São Paulo/Brasília: Polis/Editora da Universidade de Brasília, 1989.

BODENHEIMER, Edgar. *Jurisprudence - The Philosophy and Method of the Law*. London: Harvard University Press, 1974.

BOEHNER, Philoteus e GILSON, Étienne. *História da Filosofia Cristã*. Tradução de Raimundo Vier, Petrópolis: Vozes, 1982.

BONAVIDES, Paulo. *Curso de Direito Constitucional*. São Paulo: Malheiros Editores, 1997.

BRUGGER, Winfried. *Konkretisierung des rechts und Auslegung der Gesetze*. Band 119, Heft 1, Archiv des Öffentlichen Rechtes, Tübingen: J.C.B. Mohr (Paul Siebeck), 1994.

BRUTAU, José Puig. *La jurisprudencia como fuente del derecho*. Barcelona: Bosch, 1951.

———. *A Jurisprudência como Fonte de Direito*. Tradução de Lenine Nequete, Porto Alegre: Coleção AJURIS/5, 1977.

BUBNER, Rüdiger. *Hermeneutik und Ideologiekritik*. Frankfurt am Main: Suhrkamp Verlag, 1971.

CANARIS, Claus-Wilhelm. *Systemdenken und Systembegriff in der Jurisprudenz*. Berlin: Duncker & Humblot, 1983.

———. *Die Feststellung von Lücken im Gesetz*. Berlin: Duncker & Humblot, 1964.

CICERO. *Les Topiques*. Edição bilíngüe, vol. I, Oeuvres Complètes, Paris: Librairie de Firmin-Didot, 1927.

———. *De Officiis*. Romanorum scriptorum corpus italicum, Milano: Instituto Editoriale Italiano, 1928.

———. *De Republica*. Romanorum scriptorum corpus italicum, Milano: Instituto Editoriale Italiano, 1928.

CIRNE LIMA, Carlos Roberto Velho. *Dialética para Principiantes*. Porto Alegre: EDIPUCRS, 1996.

———. *Sobre a Contradição*. Porto Alegre: EDIPUCRS, 1993.

CIRNE LIMA, Ruy. *Princípios de Direito Administrativo*. São Paulo: RT, 1987.

———. *Preparação à Dogmática Jurídica*. Porto Alegre: Livraria Sulina, 1958.

———. *Sistema de Direito Administrativo Brasileiro*. Porto Alegre: Gráfica Editora Santa Maria, 1953.

COELHO, Luiz Fernando. *Lógica Jurídica e interpretação das leis*. Rio de Janeiro: Forense, 1981.

COSTA, Newton. *Lógica indutiva e Probalidade*. São Paulo: HUCITEC/EDUSP, 1993.

COULANGES, Fustel de. *A Cidade Antiga*. Tradução de Souza Costa, Lisboa: Livraria Clássica Editora, 1929.

CRISAFULLI, Vezio. *La Costituzione e Le sua Disposizioni di Principio*. Milano: Dott. A. Giuffrà Editore, 1952.

CULLER, Jonathan. *On desconstruction: Theory and Criticism after Structuralism*. London: Cornell University Press, 1983.

DAVID, René. *Major Legal Systems in the World Today*. London: Stevens & Sons, 1978.

DE GIORGI, Raffaele. *Scienza del Diritto e Legittimazione*. Lecce: Pensa Multimedia, 1998.

———. *Direito, Democracia e Risco*. Porto Alegre: Sergio Antonio Fabris Editor, 1998.

DE MAN, Paul. *Alegorias da Leitura*. Tradução de Lenita R. Esteves, Rio de Janeiro: Imago Editora, 1996.

DERRIDA, Jacques. *De la Grammatologie*. Paris: Les Éditions Minuit, 1967.

———. *Positions*. Paris: Les Éditions Minuit, 1972.

———. *Marges de la Philosophie*. Paris: Les Éditions Minuit, 1972.

———. *Du Droit à la Philosophie*. Paris: Ed. Galilée, 1993.

———. *A Escrita e a Diferença*. Tradução de Maria Beatriz Marques Nizza da Silva, São Paulo: Editora Perspectiva S.A., 1995.

DILTHEY, Wilhelm. *Die Entstehung der Hermeneutik*. vols. V e VII, Gesammelte Schriften, Leipzig-Berlin: Verlag B.G. Teubner, 1962.

DINIZ, Maria Helena. *As Lacunas no Direito*. São Paulo: Saraiva, 1989.

DRIER, Ralf e SCHWEGMANN, Friedrich. *Problem der Verfassungsinterpretation*. Baden-Baden: Nomos Verlagsgesellschaft, 1976.

DUGUIT, Léon. *Manuel de Droit Constitutionnel*. Paris: Ancienne Librairie Fontemoing & Cie - Éditeurs, 1918.

DÜRING, Ingemar. *Aristotele*. Tradução de Pierluigi Donini, Milano: Mursia Editore, 1976.

DWORKIN, Ronald. *Taking Rights Seriously*. London: Duckworth, 1987.

———. *The Philosophie of Law*. Oxford: Oxford University Press, 1986.

———. *Law's Empire*. Cambridge: Harvard University Press, 1986.

EAGLETON, Terry. *Teoria da Literatura: Uma Introdução*. Tradução de Waltensir Ditra, São Paulo: Martins Fontes, 1997.

ECO, Humberto. *I Limiti Dell'Interpretazione*. Milano: Bompiani, 1990.

———. *Semiótica e Filosofia da Linguagem*. Tradução de Mariarosaria Fabris e José Luiz Fiorin, São Paulo: Editora Ática S.A., 1991.

———. *A Estrutura Ausente*. Tradução de Pérola de Carvalho, São Paulo: Editora Perspectiva, 1997.

———. *Kant e o Ornitorrinco*. Tradução de Ana Thereza B. Vieira, Rio de Janeiro/São Paulo: Editora Record, 1998.

EHRLICH, Eugen. *I Fondamenti della sociologia del Diritto*. Tradução de Alberto Febbrajo, Milano: Giuffrè Editore, 1976.

ENGISH, Karl. *Introdução ao Pensamento Jurídico*. Tradução de J. Baptista Machado, Lisboa: Fundação Calouste Gulbenkian, 1996.

ENTERRÍA, Eduardo García. *La Constitución como Norma y el Tribunal Constitucional*. Madrid: Civitas, 1994.

——. *Reflexiones sobre la Ley y los Principios Generales de Derecho*. Madrid: Civitas, 1986.

——. *La Lengua de los derechos*. Madrid: Alianza Universidad, 1995.

ESSER, Josef. *Precompreensione e scelta del metodo nel processo di individuazione del diritto*. Tradução de Pietro Perlingieri, Napoli: Università di Camerino, 1983.

——. *Grundsatz und Norm*. Tübingen: J.C.B.Mohr (Paul Siebeck), 1990.

——. *Principio y Norma en la Elaboración Jurisprudencial del derecho Privado*. Tradução de Eduardo Valentín Fiol, Barcelona: Bosch Casa Editorial, 1961.

ERICHSEN, Hans-Uwe e MARTENS, Wolfgang. *Allgemeines Verwaltungsrecht*. Berlin-New York: Walter de Gruyter, 1981.

FACHIN, Luiz Edson. *Da Paternidade - Relação Biológica e Afetiva*. Belo Horizonte: Livraria Del Rey Editora, 1996.

FASSÒ, Guido. *La Lege della Ragione*. Milano: Edizioni di Comunità, 1974.

——. *Società, Legge e Ragione*. Milano: Edizioni di Comunità, 1974.

FEYRABEND, Paul. *Contra o Método*. Tradução de Miguel Serras Pereira, Lisboa: Ciência, 1993.

FERRARA, Francesco. *Trattato di Diritto Civile Italiano*. Roma: Athenaeum, 1921.

FERRAZ JÚNIOR, Tércio Sampaio. *Conceito de sistema no direito: uma investigação histórica a partir da obra jusfilosófica de Emil Lask*. São Paulo: RT/USP, 1976.

——. *Direito, retórica e comunicação*. São Paulo: Saraiva, 1997.

——. *Introdução ao estudo do Direito*. São Paulo: Atlas, 1989.

——. *Teoria da Norma Jurídica*. Rio de Janeiro: Forense, 1986.

FOUCAULT, Michel. *La verdad y las formas jurídicas*. Tradução de Enrique Lynch, Barcelona: Editorial Gedisa, 1996.

FREITAS, Juarez. *A Interpretação Sistemática do Direito*. São Paulo: Malheiros Editores, 1995.

——. *A Substancial Inconstitucionalidade da Lei Injusta*. Petrópolis: Vozes/EDIPUCRS, 1989.

——. *Estudos de Direito Administrativo*. São Paulo: Malheiros Editores, 1995.

——. *O Controle dos Atos Administrativos e os Princípios Fundamentais*. São Paulo: Malheiros Editores, 1997.

FORSTHOFF, Ernst. *Lehrbuch des Verwaltungsrechts*. München: C.H. Beck'sche Verlagsbuchhandlung, 1973.

——. *Traité de Droit Administratif Allemand*. Tradução de Michel Froment, Bruxelles: Établissements Émile Bruylant S.A., 1969.

FRAGOLA, Umberto. *Gli Atti Amministrativi*. Napoli: Casa Editrice Dott. Eugenio Jovene, 1964.

FRIEDRICH, Carl Joachim. *The Philosophy of Law in Historical Perspective*. Chicago & London: The University of Chicago Press, 1963.

GADAMER, Hans-Georg. *Wahrheit und Methode*. vols. I e II, Tübingen: J.C.B. Mohr (Paul Siebeck), 1993.

——. *L'art de comprendre*. Tradução de Marianna Simon, Paris: Aubier Montaigne, 1982.

GAREIS, Karl. *Introduction to the Science of Law*. Tradução de Albert Kocourek, New York: Augustus M. Kelly - Publishers, 1968.

GENY, François. *Méthode d'interprétation et sources en droit privé positif*. Paris: Librairie Général de Droit & de Jurisprudence, 1932.

——. *Science et Technique en droit privé positif*. Paris: Recueil Sirey, 1922.

GIERKE, Otto von. *Deutsches Privatrecht*. Leipzig und München: Verlag von Duncker & Humblot, 1936.

GOMES CANOTILHO, José Joaquim. *Constituição dirigente e vinculação do legislador*. Coimbra: Coimbra Editora, 1982.

——. *Direito Constitucional*. Coimbra: Almedina, 1992.

GRAU, Eros. *A ordem econômica na Constituição de 1988: Interpretação e Crítica*. São Paulo: RT, 1990.

GRIMM, Dieter. *Die Zukunft der Verfassung*. Frankfurt am Main: Suhrkamp Verlag, 1994.

GUERRA FILHO, Willis Santiago. *Autopoiese do Direito na Sociedade Pós-Moderna*. Porto Alegre: Livraria do Advogado, 1997.

GUTHRIE, W.K.C. *A History of Greek Philosophy*. vol. V, Cambridge: Cambridge University Press, 1978.

HÄBERLE, Peter. *Hermenêutica Constitucional*. Tradução de Gilmar Ferreira Mendes, Porto Alegre: Sergio Antonio Fabris Editor, 1997.

HABERMAS, Jürgen. *Der Philosophische Diskurs der Moderne*. Frankfurt am Main: Suhrkamp Verlag, 1985.

——. *Theorie des Kommunikativen Handelns*. vols. I e II, Frankfurt am Main: Suhrkamp Verlag, 1987.

——. *Faktizität und Geltung*. Frankfurt am Main: Suhrkamp Verlag, 1993.

——. *Strukturwandel der Öffentlichkeit*. Frankfurt am Main: Suhrkamp Verlag, 1990.

——. *Zur Logik der Sozialwissenschaften*. Frankfurt am Main: Suhrkamp Verlag, 1982.

——. *Die Einbeziehung des Anderen*. Frankfurt am Main: Suhrkamp Verlag, 1997.

HARE, R.M. *A Linguagem da Moral*. Tradução de Eduardo Pereira E. Ferreira, São Paulo: Martins Fontes, 1996.

HART, Herbert. *The Concept of Law*. Oxford: Oxford University Press, 1961.

HEGEL, G.W.F. *Wissenschaft der Logik*. vol. VI, Werkausgabe, Frankfurt am Main: Suhrkamp Verlag, 1991.

HEIDEGGER, Martin. *Über den Humanismus*. Edição bilíngüe, Paris: Aubier Montaigne, 1983.

——. *Sein und Zeit*. Tübingen: Max Niemeyer Verlag, 1963.

——. *Heráclito*. Tradução de Márcia Sá Cavalcante Schuback, Rio de Janeiro: Relume Dumará, 1998.

HESSE, Konrad. *Grundzüge des Verfassungsrechts der Bundesrepublik Deutschland*. Heidelberg: F.C. Müller Juristischer Verlag, 1978.

HOBBES, Thomas. *Leviathan*. vol. 23, Great Books of Western World, Chicago: Ecyclopaedia Britannica, 1952.

HÖFFE, Otfried. *Politische Gerechtigkeit*. Frankfurt am Main: Suhrkamp Verlag, 1987.

162   *Alexandre Pasqualini*

———. *Ethik und Politik*. Frankfurt am Main: Suhrkamp Verlag, 1979.

———. *Sittlich-politische Diskurse*. Frankfurt am Main: Suhrkamp Verlag, 1981.

———. *Strategien der Humanität*. Frankfurt am Main: Suhrkamp Verlag, 1985.

———. *Kategorische Rechtsprinzipien*. Frankfurt am Main: Suhrkamp Verlag, 1994.

———. *Immanuel Kant*. München: Verlag C.H. Berck, 1988.

HUSSERL, Edmund. *La Crisi Dell'Umanità Europea e La Filosofia*. Milano: Casa editrice Il Saggiatore, 1965, pp. 328-360.

JHERING, R. von. *L'Esprit du Droit Romain*. vols. I e III, Paris: Librairie Marescq Ainé, 1887.

———. *Der Kampf um's Recht*. Wien: Manz'sche K.U.K. Hof-Verlag und Universitätsbuchhandlung, 1900.

JOLOWICZ, H.F. e BARRY, Nicholas. *Historical Introduction to the Study of Roman Law*. Cambridge: Cambridge University Press, 1972.

JONAS, Hans. *Le Príncipe Responsabilité*. Tradução de Jean Greisch, Paris: Flammarion, 1995.

KANT, Immanuel. *Grundlegung zur Metaphysik der Sitten*. vol. VII, Werkausgabe, Frankfurt am Main: Suhrkamp Verlag, 1974.

———. *Kritik der Urteilskraft*. Werkausgabe, Frakfurt am Main: Suhrkamp Verlag, 1974.

———. *Kritik der reinen Vernunft*. vol. I, Werkausgabe, Frankfurt am Main: Suhrkamp Verlag, 1974.

———. *Logik*. vol. VI, Werkausgabe, Frankfurt am Main: Suhrkamp Verlag, 1974.

———. *Nachricht von der Einrichtung seiner Vorlesungen in dem Winterhalbenjahre von 1765-1766*. vol. II, Werkausgabe, Frankfurt am Main: Suhrkamp Verlag, 1974.

KANTOROWICZ, Hermann. *La definizione del diritto*. Tradução de Enrico di Robilant, Torino: Giappichelli, 1962.

KELSEN, Hans. *La giustizia costituzionale*. Tradução de Carmelo Geraci, Milano: Giuffrè Editore, 1981.

———. *Socialismo e Stato*. Tradução de Roberto Racinaro, Bari: De Donato editore, 1978.

———. *General Theory of Law and State*. Tradução de Anders Wedberg, Cambridge: Harvard University Press, 1945.

———. *Reine Rechtslehre*. Wien: Franz Deuticke, 1976.

———. *Teoria Pura do Direito*. Tradução de João Baptista Machado, São Paulo: Martins Fontes, 1987.

———. *A Democracia*. Tradução de Ivone Castilho Benedetti, Jefferson Luiz Camargo, Marcelo Brandão Cipolla e Vera Barhow, São Paulo: Martins Fontes, 1993.

———. *O que é Justiça*. Tradução de Luís Carlos Borges, São Paulo: Martins Fontes, 1997.

———. *Teoria Geral das Normas*. Tradução de Florentino Duarte, Porto Alegre: Sergio Antonio Fabris Editor, 1986.

KESSELRING, Thomas. *Die Produktivität der Antinomie. Hegels Dialektik im Lichte der genetischen Erkenntnistheorie und der formalen Logik*. Frankfurt am Main: Suhrkamp Verlag, 1984.

HERMENÊUTICA E SISTEMA JURÍDICO

KIRCHMANN, Julius Hermann von. *Il valore scientifico della giurisprudenza*. Tradução de Paolo Frezza, Milano: Giuffrè Editore, 1964.

KRIELE, Martin. *Theorie der Rechtsgewinnung*. Berlin: Duncker & Humblot, 1983.

KRÜGER, P. *Histoire des Sources du Droit Romain*. Paris: Thorin & Fils Éditeurs, 1894.

KUHN, Thomas S. *A Estrutura das Revoluções Científicas*. Tradução de Beatriz Vianna Boeira e Nelson Boeira, São Paulo: Editora Perspectiva, 1998.

LAFER, Celso. *A Reconstrução dos Direitos Humanos*. São Paulo: Companhia das Letras, 1988.

LARENZ, Karl. *Methodenlehre der Rechtswissenschaft*. Berlin-Heidelberg-New York: Springer Verlag, 1969.

——. *Metodologia da ciência do direito*. Tradução de José Lamego, Lisboa: Fundação Calouste Gulbenkian, 1989.

LEIBNIZ. *Opuscules et Fragments inédits de Leibniz*. Paris: Ed. L. Couturat, 1903.

LENK, Hans. *Interpretationskonstrukte*. Frankfurt am Main: Suhrkamp Verlag, 1993.

LÖWITH, Karl. *De Hegel à Nietzsche*. Tradução de Remi Laureillard, Paris: Gallimard, 1969.

LUHMANN, Niklas. *Legitimation durch Verfaren*. Frankfurt am Main: Suhrkamp Verlag, 1983.

——. *Soziale System. Grundriss einer allgemeinen Theorie*. Frankfurt am Main: Suhrkamp Verlag, 1984.

——. *L'Unité du Système Juridique*. vol. 31, Archives de Philosophie du Droit, Paris: Éditions Sirey, 1986, pp. 163-188.

——. *Sistema Giuridico e Dogmática Giuridica*. Tradução de Alberto Febbrajo, Bologna: il Mulino, 1978.

——. *Por que uma 'teoria dos sistemas'*. Dialética e Liberdade, Porto Alegre/Petrópolis: Editora da Universidade/Vozes, 1993, pp. 430-441.

MAcCORMICK, Neil. *En contra de la ausencia de fundamento moral*. Derecho y Moral, Barcelona: Gedisa editorial, 1998, pp. 160-182.

MANGOLDT, Hermann e KLEIN, Friedrich. *Das Bonner Grundgesetz*. München: Verlag Franz Vahlen, vol. I, 1985.

MANNHEIM, Karl. *Essays on the Sociology of Knowledge*. London: Routledge & Kegan Paul LTD, 1972.

MATURANA, Humberto e VARELA, Francisco. *De Máquinas y Seres Vivos*. Santiago: Editorial Universitaria, 1973.

MAUNZ, Theodor e ZIPPELIUS, Reinhold. *Deutsches Staatsrecht*. München: C.H. Beck'sche Verlagbuchhandlung, 1982.

MAURER, Hartmut. *Allemeines Verwaltungsrecht*. München: C.H. Beck'sche Verlagbuchhandlung, 1985.

MAXIMILIANO, Carlos. *Hermenêutica e Aplicação do Direito*. Rio de Janeiro/São Paulo: Livraria Freitas Bastos S.A., 1957.

MENDES, Gilmar. *Controle da constitucionalidade: aspectos jurídicos e políticos*. São Paulo: Saraiva, 1990.

——. *Jurisdição Constitucional*. São Paulo: Saraiva, 1996.

——. *Direitos Fundamentais e Controle de Constitucionalidade*. São Paulo: Instituto Brasileiro de Direito Constitucional, 1998.

MERQUIOR, José Guilherme. *Rousseau e Weber*. Rio de Janeiro: Editora Guanabara Koogan S.A., 1990.

MÉTALL, Rudolf Aladár. *Hans Kelsen - Vida y Obra*. Tradução de Javier Esquivel, México: UNAM, 1976.

MILLER, J. Hillis. *A Ética da Leitura*. Tradução de Eliane Fittipaldi e Kátia Orberg, Rio de Janeiro: Imago Editora, 1995.

MIRANDA, Jorge. *Manual de Direito Constitucional*. Coimbra: Coimbra Editores, 1993.

MONTESQUIEU. *De L'Esprit des Lois*. Ouevres Complètes, Paris: Éditions du Seuil, 1964.

MORAES, Paulo Valério Dal Pai; BONATTO, Cláudio. *Questões Controvertidas no Código de Defesa do Consumidor*. 2ª ed. Porto Alegre: Livraria do Advogado, 1999

———. *Conteúdo Interno da Sentença, eficácia e coisa julgada*. Porto Alegre: Livraria do Advogado, 1997

MOREIRA, Vital e GOMES CANOTILHO, José Joaquim. *Fundamentos da Constituição*. Coimbra: Coimbra Editores, 1991.

NIETZSCHE. *Ecce Homo*. Frankfurt am Main: Insel Verlag, 1988.

———. *Götzendämmerung*. Frankfurt am Main: Insel Verlag, 1985.

———. *Also sprach Zarathustra*. Frankfurt am Main: Insel Verlag, 1976.

———. *Par dela le bien et le mal*. Tradução bilíngüe de Geneviève Bianquis, Paris: Aubier Montaigne, 1978.

NOVALIS. *Novalis Werke*. München: C.H. Beck'sche Verlag, 1981.

PALMER, Richard E. *Hermenêutica*. Tradução de Maria Luísa Ribeiro Ferreira, Lisboa: Edições 70, 1986.

PASCAL, Blaise. *Pensées*. Oeuvres Complètes, Paris: Aux Éditions Seuil, 1963.

PARSONS, Talcott. *The Social System*. London: The Free Press, 1964.

PERELMAN, Chaïm. *Trattato dell'Argomentazione*. Tradução de Carla Schick e Maria Mayer, Torino: Giulio Einaudi editore, 1976.

———. *Tratado da Argumentação*. Tradução de Maria Ermantina Galvão G. Pereira, São Paulo: Martins Fontes, 1996.

———. *Ética e Direito*. Tradução de Maria Ermantina Galvão G. Pereira, São Paulo: Martins Fontes, 1996.

———. *Lógica Jurídica*. Tradução de Virgínia K. Pupi, São Paulo: Martins Fontes, 1998.

———. *Retóricas*. Tradução de Maria Ermantina Galvão G. Pereira, São Paulo: Martins Fontes, 1997.

PIAGET, Jean. *O Juízo Moral na Criança*. Tradução de Elzon Lenardon, São Paulo: Summus Editorial Ltda., 1994.

PIERCE, C.S. *Textes anticartésiens*. Tradução de Joseph Chenu, Paris: Éditions Aubier Montaigne, 1984.

———. *Collected Papers*. Cambridge: Harvard University Press, 1934-1948.

PLATÃO. *Cratyle*. Tradução de Léon Robin, Oeuvres Complètes, Paris: Bibliothèque de la Pléiade, 1950.

———. *Le Sophista*. Tradução de Léon Robin, Oeues Complètes, Paris: Bibliothèque de la Pléiade, 1950.

——. *La République*. Tradução de Léon Robin, Oeuvres Complètes, Paris: Bibliothèque de la Pléiade, 1950.

——. *Lois*. Tradução de Léon Robin, Oeuvres Complètes, Paris: Bibliothèque de la Pléiade, 1950.

PLOTINO. *Enneadi*. Tradução bilíngüe de Giuseppe Faggin, Milano: Rusconi, 1996.

PÖGGELER, Otto. *Dialektik und Topik*. vol. II, Hermeneutik und Dialektik, Tübingen: J.C.B. Mohr (Paul Siebeck), 1970.

PONTES DE MIRANDA, Francisco Cavalcanti. *Sistema de Ciência positiva do Direito*. Rio de Janeiro: Editor Borsoi, 1972.

PUTNAM, Hilary. *Vernunft, Wahrheit und Geschichte*. Frankfurt am Main: Suhrkamp Verlag, 1995.

——. *Razón, Verdad e Historia*. Madrid: Tecnos, 1988.

RAWLS, John. *A Theory of Justice*. Cambridge: Harvard University Press, 1995.

RAZ, Joseph. *The authority of Law*. Oxford: Clarendon Press, 1979.

REALE, Miguel. *Filosofia do Direito*. São Paulo: Saraiva, 1978.

——. *Teoria tridimensional do Direito*. São Paulo: Saraiva, 1979.

REHFELDT, Bernhard. *Einführung in die Rechtswissenschaft*. Berlin: Walter de Gruyter, 1962.

RICOEUR, Paul. *Interpretação e Ideologia*. Tradução de Hilton Japiassu, Rio de Janeiro: Livraria Francisco Alves Editora S/A, 1983.

——. *O Conflito das Interpretações*. Tradução de Hilton Japiassu, Rio de Janeiro: Imago Editora, 1978.

——. *A Metáfora Viva*. Tradução de Joaquim Torres Costa e António M. Magalhães, Porto: Rés-Editora, 1983.

——. *O Justo ou a Essência da Justiça*. Lisboa: Instituto Piaget, 1995.

——. *Do Texto à Ação*. Tradução de Alcino Cartaxo e Maria José Sarabando, Porto: Rés-Editora, 1989.

RIVERO, Jean. *Droit Administratif*. Paris: Dalloz, 1973.

RYLE, Gilbert. *Plato's Progress*. Cambridge: Cambridge University Press, 1966.

RORTY, Richard. *A trajetória do pragmatista*. Interpretação e Superinterpretação, Tradução de Monica Stahel, São Paulo: Livraria Martins Fontes, 1993.

——. *A Filosofia e o espelho da natureza*. Tradução de Antônio Trânsito, Rio de Janeiro: Relume Dumará, 1995.

——. *Objetivismo, Relativismo e Verdade*. Tradução de Marco Antônio Casanova, Rio de Janeiro: Relume Dumará, 1997.

——. *Consecuencias del pragmatismo*. Tradução de José Miguel Esteban Cloquell, Madrid: Tecnos, 1996.

ROSS, Alf. *Lógica de las normas*. Tradução de Jose S.P. Hierro, Madrid: Editorial Tecnos, 1971.

ROTTLEUTHNER, Hubert. *Les méthaphores biologiques dans la pensée juridique*. Archives de Philosophie du Droit, Paris: Éditions Sirey, 1986, pp. 215-244.

ROUANET, Sergio Paulo. *As razões do iluminismo*. São Paulo: Companhia das Letras, 1987.

——. *Mal-Estar na Modernidade*. São Paulo: Companhia das Letras, 1993.

ROUBIER, Paul. *Le Droit Transitoire (Conflits des lois dans le temps)*. Paris: Dalloz et Sirey, 1960.

ROUSSEAU, J.J. *Du Contrat Social*. vol. II, Oeuvres Complètes, Paris: Aux Éditions du Seuil, 1971.

SÃO PAULO. *Nuevo Testamento Trilíngüe*. Madrid: Biblioteca de Autores Cristianos, MCMXCIV.

SARLET, Ingo Wolfgang. *A Eficácia dos Direitos Fundamentais*. Porto Alegre: Livraria do Advogado, 1998.

SAUSSURE, Ferdinand. *Cours de Linguistique Générale*. Paris: Payot, 1973.

SAVIGNY, M.F.C. *Traité de droit romain*. Tradução de M. Ch. Guenoux, Paris: Librairie de Firmin Didot Frères, 1855.

SCHELLING, F.W. *Philosophische Untersuchungen über das Wesen der menschlichen Freiheit*. vol. IV, Schellings Werke, München: C.H. Beck'sche Verlagbuchhandlung, 1958.

SCHLEIERMACHER, Friedrich D. E. *Hermeneutik und Kritik*. Frankfurt am Main: Suhrkamp Verlag, 1977.

SCHMITT, Carl. *Teologia Politica*. Bologna: Società editrice il Mulino, 1972.

———. *L'epoca delle neutralizzazioni e delle spoliticizzazioni*. Bologna: Società editrice il Mulino, 1972.

———. *Legalität und Legitimität*. München und Leipzig: Verlag von Duncker & Humblot, 1932.

SCHULZ, Fritz. *History of Roman Legal Science*. Oxford: At Clarendon Press, 1953.

———. *Principles of Roman Law*. Oxford: At Clarendon Press, 1956.

SCHWARTZ, Bernard. *Algunos Artifices del derecho Norteamericano*. Tradução de Rubén Laporte, Madrid: Editorial Civitas, 1985.

SENECA. *De Clementia*. Edição bilíngüe, Paris: Livrairie Garnier Frères, sem data.

SMEND, Rudolf. *Staatsrechtliche Abhandlungen*. Berlin: Duncker & Humblot, 1955.

STEGMÜLLER, Wolfgang. *Hauptströmungen der Gegenwartsphilosophie*. vols. I e II, Stuttgart: Alfred Kröner Verlag, 1978.

STERN, Klaus. *Das Staatsrecht der Bundesrepublik Deutschland*. München: C.H. Beck'sche Verlag, 1988.

STONE, Julius. *Human Law and Human Justice*. Sidney: Maitland Publications, 1968.

STRAUSS, Levi. *Antropologia Estrutural*. Tradução de Chaim Samuel Katz e Eginardo Pires, Rio de Janeiro: Tempo Brasileiro, 1967.

STRAUSS, Leo. *Natural Right and History*. Chicago & London: The University of Chicago Press, 1953.

STRECK, Lenio Luiz. *Hermenêutica Jurídica e(m) Crise*. Porto Alegre: Livraria do Advogado, 1999.

SUAREZ, Francisco. *Tractatus de Legibus ac Deo Legislatore*. Edición Bilíngüe, Madrid: Instituto de Estudios Politicos, 1968.

SUNDFELD, Carlos Ari. *Fundamentos de Direito Público*. São Paulo: Malheiros Editores, 1992.

TEUBNER, Gunther. *Recht als autopoietisches System*. Frankfurt am Main: Suhrkamp Verlag, 1989.

———. *O Direito como sistema autopoiético*. Tradução de José E. Antunes, Lisboa: Fundação Calouste Gulbenkian, 1993.

HERMENÊUTICA E SISTEMA JURÍDICO

TOULMIN, Stephen E. *Les usages de l'argumentation*. Paris: Presses Universitaires de France, 1993.

TUGENDHAT, Ernst. *Vorlesungen zur Einführung in die sprachanalytische Philosophie*. Frankfurt am Main: Suhrkamp Verlag, 1976.

———. *Selbstbewusstsein und Selbstbestimmung*. Frankfurt am Main: Suhrkamp Verlag, 1979.

———. *Liberalism, Liberty and issue of economic human rights*. Frankfurt am Main: Philosophische Aufsätze, 1992.

VALÉRY, Paul. *Commentaire de Charmes*. vol. I, Oeuvres, Paris: Bibliothèque de la Pléiade, 1957.

———. *Pièces sur L'Art*. vol.II, Oeuvres, Paris: Bibliothèques de la Pléiade, 1960.

VIEHWEG, Theodor. *Topica e Giurisprudenza*. Milano: Giuffrè, 1962.

VILLEY, Michel. *La Formation de la Pensée Juridique Moderne*. Paris: Les Éditions Montchretien, 1975.

VITA, Cino. *Diritto Amministrativi*. Torino: Unione Tipografico Editrice Torinese, 1962.

WEBER, Max. *Soziologischen Grundbegriffen*. Gesammelte Aufsätze zur Wissenschaftslehre, Tübingen: J.C.B. Mohr (Paul Siebeck), 1985.

———. *Die Objektivität sozialwissenschaftlicher Erkenntnis*. Gesammelte Aufsätze zur Wissenschaftslehre, Tübingen: J.C.B. Mohr (Paul Siebeck), 1985, pp. 146-214.

———. *Der Sinn der Wertfreiheit der soziologischen und ökonomischen Wissenschaften*. Gesammelte Aufsätze zur Wissenschaftslehre. Tübingen: J.C.B. Mohr (Paul Siebeck), 1985, pp. 489-540.

———. *Wissenschaft als Beruf*. Gesammelte Aufsätze zur Wissenschaftslehre, Tübingen: J.C.B. Mohr (Paul Siebeck), 1985, pp. 582-613.

———. *Politik als Beruf*. Gesammelte Aufsätze zur Wissenschaftslehre, Tübingen: J.C.B. Mohr (Paul Siebeck), 1985, pp. 505-560.

WILLKE, Helmut. *Diriger la société par le droit?*. vol. 31, Archives de Philosophie di Droit, Paris: Éditions Sirey, 1986, pp. 189-212.

WITTGENSTEIN. *Philosophical Investigations*. Tradução de G.E.M. Anscombe, vol. 55, Great Books of Western World, Chicago: Encyclopaedia Britannica, 1990.

———. *Über Gewissenheit*. Oxford: Basil Blackwell, 1979.

———. *Tractatus Logico-Philosophicus*. Edição bilíngüe, Madrid: Alianza Editorial, 1981.

WOLFF, Hans J. e BACHOF, Otto. *Verwaltungsrecht*. München: C.H. Beck'sche Verlagbuchhandlung, 1974.

WRÓBLEWSKI, Jerzy. *Principes du Droit*. Dictionaire Encyclopédique de Théorie et Sociologie du Droit, Paris: LGDJ, 1988.

ZAVASCKI, Teori Albino. *Antecipação da Tutela*. São Paulo: Saraiva, 1997.

———. *Título Executivo e Liquidação*. São Paulo: Revista dos Tribunais, 1999.

ZILLES, Urbano. *A Fenomenologia Husserliana como Método Radical*. Porto Alegre: EDIPUCRS, 1996, pp. 13-55.